国家自然科学基金青年项目：代际间的职业继承对劳动生产率的影响——基于多部门异质性个体跨代职业选择模型的反事实实验（71703180）

纪　斑◎著

代际间的职业流动性
事实、机制和影响

OCCUPATIONAL MOBILITY
BETWEEN GENERATIONS：
FACTS, MECHANICS AND IMPLICATIONS

经济管理出版社
ECONOMY & MANAGEMENT PUBLISHING HOUSE

图书在版编目（CIP）数据

代际间的职业流动性：事实、机制和影响/纪斑著 . —北京：经济管理出版社，2023. 6
ISBN 978-7-5096-9084-0

Ⅰ. ①代⋯　Ⅱ. ①纪⋯　Ⅲ. ①职业选择—研究—中国　Ⅳ. ①D669. 2

中国国家版本馆 CIP 数据核字（2023）第 105471 号

组稿编辑：谢　妙
责任编辑：谢　妙
责任印制：许　艳
责任校对：王淑卿

出版发行：经济管理出版社
　　　　　（北京市海淀区北蜂窝 8 号中雅大厦 A 座 11 层　100038）
网　　　址：www. E-mp. com. cn
电　　　话：（010）51915602
印　　　刷：唐山玺诚印务有限公司
经　　　销：新华书店
开　　　本：720mm×1000mm/16
印　　　张：9
字　　　数：157 千字
版　　　次：2023 年 6 月第 1 版　　2023 年 6 月第 1 次印刷
书　　　号：ISBN 978-7-5096-9084-0
定　　　价：48. 00 元

前　言

改革开放以来，我国经济保持高速增长，人口从农村走进城市，农村劳动力从农业转移至工业和服务业，我国经济和社会结构发生了重大变化。在此社会大转型时期，社会流动高度活跃，出现了很多快速提升社会阶层的机会。随着经济发展和社会财富的积累，贫富差距日趋明显。尤其是互联网新媒体的飞速发展，"二代"问题成为人们关注的焦点之一，"社会阶层固化"成为热议话题。代际间的职业流动和继承，是代际间社会经济地位流动或固化的重要实现途径，因此也成为学术界的研究热点。代际间的职业流动影响因素、决定机制以及对社会公平和劳动力配置效率的影响，值得重新审视和深入思考。

一、代际间职业流动的社会意义

改革开放以来，我国劳动力市场历经了由计划分配制度向市场配置的转变。与此同时，公共教育的发展与普及给不同家庭背景的孩子提供了相对平等的教育机会，促进了社会阶层的跨越性流动。代际间的职业继承与流动，表现为长辈所从事的职业对子女个人职业发展的影响程度，涉及与职业选择、社会流动等相关社会制度的公平性和公正性，也决定着一个社会能否充分调动劳动者群体的积极性，进而从整体上影响社会生产效率。改革开放初期，我国职业流动的继承率高达 76.04%，而实际流动率只有 23.96%，职业向上流动率为 16.91%，远低于许多发达国家。我国作为一个人口大国，在"以人为本"理念的指导下，提高代际间的职业流动水平，让每个人都能从事与自己能力相匹配的职业，对改善人民的生活、提高人民的福利水平、实现劳动力市场公平意义重大。

2013 年，李克强在第七届夏季达沃斯论坛上的致辞提到："要促进就业的社会公平。我们要推进就业中的机会平等，这是社会公正的一个基础，具有起点的意义。"一方面，提高代际间的职业流动性，让低收入群体的子女有更加广泛的职业选择，可以给其收入带来更大的上升空间，从而有助于缩小贫富差距，促进收入分配的公平；另一方面，提高代际间的职业流动性，有助于提升弱势群体子女的社会地位与社会阶层，从而提升其在社会活动中的话语权，促进权利分配的公平。除此之外，结合我国的社会特征，提升代际间的职业流动性对于我国实现社会公平的意义更加明显。一是我国的城乡差距明显，提升代际职业流动性，有利于缩小城乡居民子女的收入差距与社会地位差距；二是市场化改革能够明显减少招聘过程中的不公平现象，有利于提升代际职业流动性。例如，国有企业相较于民营企业能够提供更稳定的工作与更合理的职工福利，但是传统上更依赖于"关系"式的招聘方式。因此，推进劳动力市场化改革，改进企业招聘制度，有助于给企业匹配更加合适的员工，同时也有利于社会公平。

二、代际间职业流动的决定机制较为复杂

代际间职业流动的社会意义重大，因此如何提升代际间的职业流动性，持续提高我国社会公平、公正程度，成为迫切需要解决的关键问题。解决这一难题，需要了解代际间职业流动性的决定机制，但由于其涉及遗传、社会信息网络以及社会特征等，机制较为复杂。

决定职业选择的因素可以归纳为人力资本和社会资本两种。人力资本是指个人的工作能力和生物健康状况，其中，工作能力主要包括专业技能、社会交往等综合能力，以及格局、视野等企业家精神范畴的高级技能；生物健康状况包括个人身体的基本特征（如智力）以及生理和精神的健康。社会资本是指存在于个人社会网络关系中，并能够被行动者投资和利用的以便实现自身目标的信息资源和人情资源。高职业阶层的父母能为子代带来更多的信息资源，从而为子女提供更多的选择机会。

除了人力资本和社会资本之外，由于地域、历史、文化等众多因素，我国表现出与其他国家不同的一些社会特征：一是城乡二元结构。我国在长期城乡二元经济结构下，城乡家庭在收入、受教育程度、观念等方面均存在显著差异。尤其

是户籍制度，其对于农民子弟的职业选择可能形成制约，从而产生代际职业流动的城乡差异。二是职工招聘制度中非生产性因素影响较大，尤其是在国有企业中。其中，既有政策性因素，也有非政策性因素，如"关系"的影响。三是区域发展不平衡。改革开放以来，"先富带动后富"在推动经济增长的同时，也带来了区域发展失衡的问题。与内陆地区相比，沿海地区在工业化水平、经济建设水平等方面均处于领先地位，进而体现在个人的职业选择上。四是性别差异。我国历史上的"重男轻女"思想对当今家庭职业继承依然影响深远，导致男女选择职业的方式有所不同。

三、代际间的职业流动性不仅影响公平，更影响效率

从经济学角度分析，职业继承现象不仅产生了有关公平的问题，还反映出我国的劳动力市场中存在明显的劳动力市场摩擦、劳动技能积累壁垒等问题，这些因素明显降低了社会生产效率。

劳动力市场摩擦导致人力资源错配。但在我国改革开放的进程中，这一现象已经得到了明显的改善。然而，深化改革，解决细节中的各种问题，依然任重道远。劳动技能积累壁垒也会影响劳动生产率。后天劳动技能的来源可分为两类：一是家庭内部成员所提供的技能传授；二是社会提供的技能培训，如政府、教育机构等提供的职业培训。这两种后天劳动技能的积累方式的差别显而易见，家庭内部成员所提供的技能传授仅仅针对于家庭成员所从事的职业，如曲艺、绘画等在父子间的传承，而社会提供的培训则提供了更加公平和公开的途径。

社会学研究的经典结论是接受高等教育能够明显扩大个人职业选择的范围，从而显著地增加代际间的职业流动性。对于我国实际情况而言，虽然大学扩招显著地提高了我国大学毕业生的比例，但是与发达国家相比还处于比较落后的状态。部分山区及边远地区发展不足，加之教育资源严重稀缺，当地的孩子难以受到良好的教育，一些人最终不得不辍学从事农业活动，职业流动更无从谈起，令人惋惜。

当然，近年来我国职业教育发展迅速，很多传统上倾向于家庭或者家族内部传授的劳动技能面向社会公开，这有助于满足社会对高、中等级技术工人的

需求。

　　总体而言，代际间的职业高度继承性意味着巨大的生产率损失，但庆幸的是，在政府、社会、个人的共同努力下，职业错配和天赋错配现象正逐渐被消除。个人能够不受家庭背景的影响，通过自己的努力获得适宜的教育，匹配适合的工作，这对于个人和社会而言都是巨大的进步。我们期待中国保持高度的代际社会流动性，保证社会公平，进一步提高生产效率。

纪珽

2022 年 11 月

目　录

第一章　代际间职业流动、劳动力合理配置与中国的劳动生产率

　　社会流动性关乎公平和公正，本章着眼于代际间的职业流动性，首次从劳动力合理配置的效率角度全面探讨其对中国劳动生产率的含义。本章基于中国和美国人口普查数据以及国际社会调查项目（International Social Survey Programme, ISSP）数据，得到职业继承的相关特征事实，在此基础上建立了多部门异质性个体的跨代职业选择模型，并通过数值模拟考察职业选择中的扭曲对劳动生产率的影响。研究发现：①代际间的职业流动性和劳动生产率显著正相关，这是因为职业选择中的扭曲导致了人才禀赋错配，在造成代际间职业流动固化的同时也造成了劳动生产率的损失；②职业选择中的扭曲对中国经济有重要影响，减少扭曲可以显著地帮助欠发达省份和农村地区提高生产效率，特别是户籍制度改革的作用尤其明显；③减少职业选择中的扭曲能够显著提高代际间的收入流动性；④农村儿童认知能力发展滞后破坏了人才禀赋资源，不仅会直接降低劳动生产率，还会对经济发展的潜力产生明显的负面影响。

一、引　言

　　改革开放以来，中国劳动力市场历经由计划分配制度向市场配置的转变，社会阶层也实现了跨越性流动。但近年来，"社会固化"议题重新进入公众视野并备受关注（颜色，2016），各种"二代"现象亦成为焦点话题。在代际间的传承中，职

业是关键一环，对应着收入和社会地位。代际间职业流动性作为代际流动性①的关键指标，吸引国内外学者对其进行深入研究。现有国内外文献着重于描述代际间职业流动的模式，尤其是时间趋势（孙凤，2006；Long and Ferri，2013；Reddy，2015；李路路、朱斌，2015），在此基础上，阳义南和连玉君（2015）以及王学龙和袁易明（2015）进一步讨论了各种阻碍代际间职业流动的因素，如教育（郭丛斌、丁小浩，2004）、户籍制度（吴晓刚，2007）、关系社会资本（邵宜航、张朝阳，2016）、家庭特征（邢春冰，2006）等，以及分析由此造成的劳动力市场分割（郭丛斌、丁小浩，2004；马草原等，2017）、影响收入流动（周兴、张鹏，2014）和社会不公平（王春光，2003）等问题②。代际间的职业流动不仅关乎社会分配，而且关乎劳动力的合理配置，然而却鲜有文献探讨其与劳动生产效率的关系。鉴于此，本章构建了一个多部门异质性个体跨代职业选择模型，采用反事实实验（Counterfactual Experiment）的数值模拟方法，从宏观角度对此进行系统性研究。

代际间职业流动与劳动生产率的关系，源自职业选择中两类普遍性扭曲——劳动力市场摩擦和劳动技能积累壁垒。这两类扭曲限制了个人职业选择范围，使其更多地从事上一代人的传统职业。与此同时，这两种扭曲也会导致人才禀赋的错配（Misallocation of Talent），降低人力资本的使用效率。具体而言，劳动力市场摩擦直接导致劳动力在职业间的不合理配置，而劳动技能积累的壁垒导致个人不能有效积累家族传统职业外的其他技能，从而也无法帮助其选择最符合其天赋的职业。也就是说，这些影响人力资本在职业间有效配置的扭曲一方面会造成"职业继承"的现象，另一方面也会造成劳动生产率的损失，从而使职业继承和劳动生产率呈负相关关系。图1-1和图1-2为以上分析提供了相应的特征事实。其中，图1-1为跨国层面职业继承率与劳动生产率的散点图，图1-2为中国省级层面职业继承率与劳动生产率的散点图。③

---

① 狭义的代际流动性是指代际间收入的相关性，而广义的代际流动性则包含了经济学和社会学指标，如收入财富或者社会地位在代际间的传递。书中此处指的是广义的代际流动性。与它对应的是代际间的职业继承，即上下两代人从事一样的职业，与代际间的职业流动是完全互补的两个概念，它们之和恒为100%（严格的定义及讨论请见后文）。后文将分别简述这两个概念为职业继承和职业流动。

② 不少研究同时兼顾不同的方向，如邢春冰（2006）既分析了时间趋势也探讨了成因。此外，秦雪征（2014）和吕炜等（2016）对代际间的职业流动和收入流动的研究做了系统性的介绍。

③ 图1-1使用了2009年的ISSP数据，图1-2使用了2000年中国人口普查数据。两图中均以人均GDP作为劳动生产率代理指标。严格来说，劳动生产率是产出除以工作人数，而人均GDP是产出除以人口数，中间存在着劳动参与率上的细微差别。此处使用人均GDP是因为其具有更一般性的经济学意义，替换使用劳动生产率不会影响结论。在后文的数值模拟中，我们使用了严格意义上的行业层面劳动生产率。

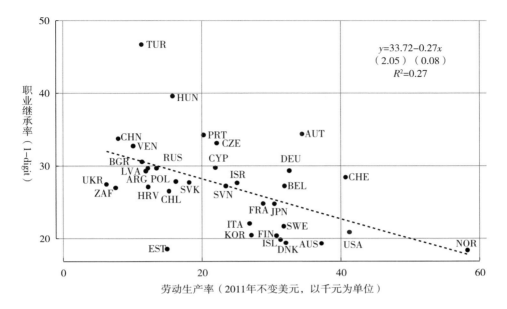

图 1-1 职业继承率与劳动生产率：跨国分析

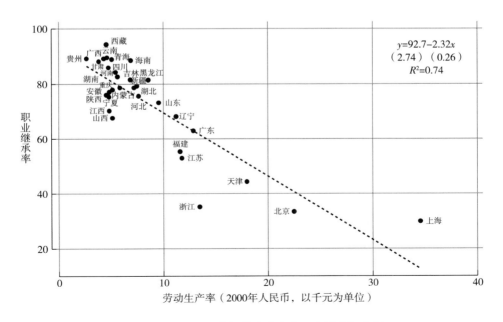

图 1-2 职业继承率与劳动生产率：中国省际分析

按照研究资源错配文献如 Hsieh 和 Klenow（2009）的惯例，本书使用"楔子"（Wedge）来衡量经济体中导致无效率的各种扭曲的程度。基于 Hsieh 等（2013）职业选择模型（以下简称 HHJK 模型），本书估计了劳动力市场摩擦和劳动技能积累壁垒这两类扭曲，将其总称为"职业选择楔子"，并进一步测算该楔子对劳动生产率造成的影响。HHJK 模型是一个完全一般均衡模型，模型假设个体的人力资本具有职业特定性（Occupation Specific），其取值由先天禀赋与后天学习的劳动技能共同决定，个体需要依据家庭背景和个人先天禀赋选择职业，并对该职业进行后天的劳动技能积累。本模型充分考虑了职业选择中的各种决定因素，因此能够用于定量分析比较不同影响因素的重要性。

研究结果显示，在控制技术水平和经济产业结构等因素后，职业选择中的扭曲对劳动生产率有明显的负面影响，如果能够优化人力资本的配置效率，一个经济体的劳动生产率会有较大提升。其中，如果把改革开放初期（如 1982 年）中国在职业选择上的扭曲降低至美国水平，中国劳动生产率可以提高 73%～80%；数十年来的改革开放（1982～2009 年），中国劳动生产率已经由此渠道增长了 23%～29%。这种效应不仅体现在国家层面，而且在中国不同省份和城乡之间的比较中也有类似发现。尤其值得一提的是，户籍制度的改革能够明显地提高劳动生产效率。

在拓展分析中，本书还分析了经济结构变迁和职业选择中扭曲的相互关系，并且定量测算了两者相互作用对中国经济产生的影响。此外，斯坦福大学教授罗斯高（Scott Rozelle）及其合作者的一系列研究（Dill et al.，2019；Wang et al.，2019；Yue et al.，2019）发现，中国农村儿童认知能力的发展较为滞后，主要原因是农村中有大量留守儿童，而他们经常是由受教育水平较低的老人看管，在智力发展最关键的 0～3 岁没有得到合适的抚育，此即舆论中被广泛关注的"罗斯高难题"（梁建章、李宏彬，2017）。鉴于此，本书将农村儿童认知能力发展较为滞后这一现象加入分析框架中，允许遗传的职业能力因群体而不同（此处主要是农民子弟的人才禀赋受到限制），考察了"罗斯高难题"和职业选择中扭曲的相互作用及其对经济体的综合影响。研究发现，"罗斯高难题"不仅会直接降低有效劳动力的供给从而对中国经济造成了较大的负面影响，而且会更进一步地破坏中国经济的发展潜力。具体而言，职业选择中扭曲会造成劳动力在不同工作间的不合理配置，这也意味着只要去除这些不合理配置的来源，那么劳动生产率就会提高，这就是有待实现的经济发展的潜力。然而，如果人才禀赋因为缺乏抚养而被破坏，即便移除外在的扭曲，这些人力资源本身也难以展现价值，无法对经济发展提供足够的帮助。本书的定量结果表明，按照罗斯高等论文报告的严重程度来推算，"罗斯高难题"的直接负面作用将超过 GDP 的 10%，对增长潜力还有额外的 15% ~ 18% 的负面影响。

本章的贡献主要反映在以下三个方面：一是现有文献主要集中探讨代际间职业流动的模式和成因及其对社会公平公正的影响，但是对于代际间职业流动固化背后的人才禀赋错配和生产效率的问题却甚少涉及。本章基于中国数据发现，导致代际间职业继承的职业选择楔子造成了人才禀赋错配，严重影响了劳动生产率，而户籍制度改革明显减轻了人才禀赋错配。二是本章提供了丰富的定量分析结果，补充了关于代际间人力资本投资和配置的研究。关于"罗斯高难题"的定量分析，也有助于理解农村经济发展滞后的深层原因。三是本章提供了关于中国代际间职业流动较为丰富的特征事实，包括职业继承率随时间发展的趋势，以及省份层面的职业继承率与劳动生产率的相关性，有助于了解中国代际间职业流动现状。

本章结论有明显的现实意义。代际间职业流动对经济发展有重要影响，中国代际间的职业继承现象在很大程度上源于制度，本章从人力资本的合理培养和配置方面，为提高代际间的职业流动性提供了针对性的政策建议，同时也对未来的效果做出了相应的评估。以户籍制度改革为代表的政策调整，在考虑公平的同时，对优化人才配置、改进生产效率也有重要影响，但鲜有文献对其总体效果进行完整的定量分析，本章再一次强调了这些改革的重要性和对经济发展的重要意义。此外，党的十九届五中全会提出了"全面推进乡村振兴"，本章的结论有助于全面理解农村经济发展面临的制约和挑战，可在相关政策制定时予以参考。

本章其余部分结构安排如下：第二部分对相关的文献进行归纳和总结；第三部分对职业继承和劳动生产率关系进行深入分析，并且提供特征事实和微观证据；第四部分进行机制分析，并构建一个多部门的异质性个体职业选择模型；第五部分为参数选定和数值模拟；第六部分为结果分析；第七部分是本章小结，笔者还进一步提出了政策含义。

二、文献回顾

本章主要与三支文献相关。第一支文献是代际间职业继承和收入流动性关系的研究。代际间的职业继承在国外社会学研究中是一个传统且非常重要的研究领域，与经济学研究视角并不完全一致。Treiman 和 Ganzboom（2000）将代际职业转移的跨国比较研究分为四个阶段：第一阶段，Lipset 和 Bendix（1959）比较了发达国家的代际间职业继承率；第二阶段，Blau 和 Duncan（1967）关注了职业地位的继承；第三阶段，关于社会分层理论的重要文献中，Grusky 和 Hauser（1984）、Erikson 和 Goldthorpe（1992）引入了对数线性模型和对数乘积模型分析；第四阶段，Ganzboom 和 Treiman（2007）着重于职业转移的成因分析。值得一提的是，自 Blau 和 Duncan 以来，社会学家更关注职业地位而非职业本身的继承，导致了与经济学研究的分野。此后，只有较少一部分的社会学研究如 Treiman 和 Yip（1989）把职业继承当作研究对象。

具体到职业继承，Long 和 Ferri（2013）发现，1850~1950 年，美国代际间的职业流动性的确高于英国，即符合"美国例外主义"的论调，但是 1950 年以后，两国已无区别。也有部分文献关注了发展中国家的代际间职业继承问题：Behrman 等（2001）研究了拉丁美洲的职业继承现象，他们发现拉丁美洲国家的职业流动性显著小于美国；Reddy（2015）发现，印度在 1983~2012 年代际间职业流动性虽然有所增长，但主要是由于整个国家职业分布的变化所致，而其劳动力所面临的职业选择中的扭曲依然很严重。总体而言，目前此类研究主要集中在少数几个国家，缺乏系统性。

经济学家则往往更关注职业继承相关的代际间收入流动性问题。Becker 和 Tomes（1979）最早提出了分析代际间收入流动性的基本模型，而 Black 和 Devereux（2010）更新了这个领域的综述，并认为该方面的研究已经从估计各种收入弹性转向因果关系研究。Solon（1999）提供了一项关于代际间职业流动性研究的综述，而 Blanden（2009）则对跨国间社会流动性的比较研究做了较为全面的综述。国内学者对代际收入流动也有研究。陈琳和袁志刚（2012）分析了 1988~2005 年中国代际收入流动性的变化模式和内在机制，强调了提高低收入家庭子女收入的重要性。而刘怡等（2017）发现，婚姻匹配是形成代际收入延续的重要原因，对于女性尤其明显。秦雪征（2014）对国外关于代际流动性及其传导机制的研究进行了评述，并对国内的相应研究进行了讨论。吕炜等（2016）则同时从收入和职业的代际流动性两个方面对文献进行了梳理。

关于中国的职业继承现象国内学者也做了相应的研究，他们侧重于描述代际间的职业流动模式和趋势，讨论影响机制和主要影响因子，分析影响后果。孙凤（2006）使用对数线性模型分析发现，中国城镇职业继承现象依旧比较显著。阳义南和连玉君（2015）使用中国综合社会调查（Chinese General Social Survey，CGSS）和 CLDS 混合横截面数据发现，2006~2012 年中国代际社会流动性上升。李路路和朱斌（2015）对中华人民共和国成立以来的社会阶层代际流动情况做了总括性分析，发现社会流动性总体上升。王学龙和袁易明（2015）使用了 CHNS 数据，基于 Altham 指标和反事实分析，从"60 后""70 后"及"80 后"等不同年龄群组的视角考察了中国代际流动性变迁的趋势与原因。纪珽和梁琳（2020）则着重探讨了性别对于代际间职业流动的影响。

在成因分析上，郭丛斌和丁小浩（2004）通过全国范围的城镇住户调查数据研究了教育对劳动者代际效应的作用，并探讨其对劳动力市场分割的影响。吴晓刚（2007）强调了户籍制度对中国代际间职业流动的影响。邵宜航和张朝阳（2016）分析了关系社会资本对代际职业流动的影响，发现其整体上为正面作用，但对不同群体存在异质性。邢春冰（2006）分析了不同年份的 CHNS 数据，发现20 世纪 90 年代中国农村非农就业机会的代际流动性处于上升的状态，而家庭的不变特征是中国代际流动性的重要影响因子。

在影响后果上，马草原等（2017）认定代际职业继承是中国劳动力市场所有制分割的重要特征。周兴和张鹏（2014）实证研究发现，城镇家庭子女的职业有向父代职业"回归"的现象，代际间的职业继承很大程度上影响了收入流动。王春光（2003）发现，职业合理流动的制度性限制以及结构性限制依然存在，因此他提出要改变职业流动过程中的制度性不平等，才能减少社会不平等。

第二支文献关乎各种要素投入尤其是人力资本的错配和投资不足导致的跨国生产率差距，主要研究方法是构建宏观模型和数值模拟。Hsieh 和 Klenow（2009）提出，资本和劳动力投入的错配导致了中国和印度制造业的全要素生产率（Total Factor Productivity，TFP）损失。他们使用企业层面的数据估计了劳动楔子（Labor Wedge）和资本楔子（Capital Wedge），同样使用反事实实验的方式考察这些楔子对于效率的影响。他们的研究表明，如果企业层面的资源错配能够降低至美国水平的话，中国制造业的 TFP 将增加 30%~50%，印度制造业的 TFP 将增加 40%~60%。本书的方法论类似于 Hsieh 和 Klenow（2009），即首先使用数据估计楔子，然后考察去除楔子带来的影响，但是本书使用了完整的一般均衡模型，而且研究视角不再是企业层面的误置，而是更为微观的劳动力市场层面的扭曲。

与本书更接近的是 Restuccia 和 Urrutia（2004），他们开创性地使用宏观理论模型研究先天和后天（Nature vs. Nurture）的影响效果差异。他们设立了一个跨代的人力资本积累模型，研究为什么收入会存在代际间的延续性[①]。在这个模型中，个体的人力资本取决于三个要素：先天禀赋、早期教育和大学教育。基于美国的数据，他们发现父母对子女教育的投入，尤其是对其早期教育的投入，能够解释约一半的代际间收入延续性。这个结果对教育政策的制定有深远的意义。Erosa 等（2010）建立了一个有先天能力和后天教育投入的异质性个体模型，经过严格校准的数值模拟后他们发现，人均 GDP 的 TFP 弹性约等于 2。也就是说，假设两个国家的 TFP 只有 1%的差别，考虑到高 TFP 国家对人力资本培养的投入更高，两国的劳动生产率差距最终会被放大到 2%。在以往的宏观文献中，因为缺乏有效的衡量方法，不同国家的教育质量一般被假设为相等。Manuelli 和 Seshadri（2014）放松了这个假设，建立了一个教育质量内生选择的模型。他们发现不同国家的教育质量差别非常大，从而导致国家间巨大的人力资本差距。他们的数值模拟结果表明，人均 GDP 对 TFP 的弹性高达 6.5。Cubas 等（2016）利用 PISA（Programme for International Student Assessment）的成绩当作衡量先天禀赋的指标，从而分离出后天培训的作用。在他们的数值模拟中，人均 GDP 对 TFP 的弹性也约等于 2。

在关于人力资本非有效使用的研究文献中，Bhathacharya 等（2013）研究了市场扭曲对个人管理技能的形成和配置造成的影响，他们发现这种不良配置能够造成严重的劳动生产率损失。Córdoba 和 Ripolli（2013）发现，信用摩擦、公共教育、生育率和死亡率是造成国家间受教育程度差异的主要原因，而这又导致国家间劳动生产率的巨大差异。Adamopoulos 等（2017）使用来自中国家庭层面的面板数据研究发现，中国农村存在土地、资本以及劳动力的严重错配，这些错配造成了生产力的巨大损失。中国学者也对人力资本配置对中国经济的影响做了分

---

① 高收入父母的子女收入相对较高，而低收入父母的子女收入也相对较低。

析。袁志刚和解栋栋（2011）基于一个两部门模型的研究表明，我国农业部门就业比重过大造成的劳动力错配导致中国的 TFP 下降了 2%~18%。类似地，盖庆恩等（2013）同样使用农业和非农业两部门的经济模型发现，若消除劳动力市场的跨部门扭曲，中国人均产出可增加 19.53%。钱雪亚和缪仁余（2014）发现，人力资本相对价格偏低而物质资本相对价格偏高影响了中国的 TFP。李静等（2017）认为，具有创新潜力的科技人才很可能因为薪酬激励而选择到非生产型非科技创新型的部门就业，从而影响人均收入的增长。马颖等（2018）基于局部均衡模型，采用微观个体数据度量了中国人力资本错配对行业产出和总产出的影响程度。与已有文献不同的是，本书从代际流动性出发，在充分考虑一般均衡效应的基础上，全面分析了职业间的人力资源错配对劳动生产率的影响。因为不同工作对技能的要求大多具有职业特定性，所以从职业角度出发有独特的意义。

第三支文献为职业选择模型理论。本章的理论分析框架依托于 HHJK 模型，本质上是 Eaton 和 Kortum（2002）与 Roy（1951）自选模型的融合体。Hsieh 等（2013）利用这个模型分析了美国经济自 20 世纪 60 年代到 2008 年劳动生产率的增长，发现这段时间中有 15%~20% 的增长来自逐步减少的对黑人和妇女的歧视所导致的人才禀赋有效配置。Lagakos 和 Waugh（2013）使用类似的模型，用农业人口能否自主选择职业，来解释发展中国家和发达国家之间农业生产率的巨大差异。Cortes 和 Gallipoli（2018）根据《职业名称词典》（*Dictionary of Occupational Titles*）中的文字说明来度量职业特性，从而估算了美国个体职业流动性的总成本。Jung（2014）建立了一个可求得显式解的内生增长模型，在这个模型中，增长来自工作与劳动者天赋的更好匹配。

与本书方法论最接近的文献主要有两篇。其中，Ji（2019）侧重于中国、美国、印度之间的比较，缺乏对中国国情特有的省际差别和城镇化导致的劳动生产率变化的分析，而且只关注父与子之间的代际传递，忽略了女性后代对劳动生产率的巨大影响，更缺乏关于制度成因、经济结构变迁和对"罗斯高难题"的丰富探讨；Sinha（2014）强调了信贷约束阻碍后天人力资本积累，从而造成劳动生产率损失，其研究对象主要包含经济发展较差的发展中国家，研究结论可能并不适用于中国情形。

总之，以往的社会学和微观经济学研究提供了很多清晰的实证成果，分析了代际间职业流动的成因，为本书的研究工作提供了事实基础，而已有的宏观研究也较多地涉及了人力资本的积累和有效配置的问题，讨论了各种因素对国家劳动生产率的影响，但是鲜有文献系统性地讨论代际间的职业选择模式，而且大部分研究以其他国家为研究对象，国内尚且缺乏专注于中国代际间职业选择模式的研究。本书在现有文献提供的事实特征基础上，使用严谨、规范的宏观研究方法，对中国代际职业继承现象所蕴含的劳动生产率含义进行了多个角度的系统性分析。

三、数据说明和描述性分析

（一）数据说明

本章首先测算跨国层面和中国省份层面的职业继承率与劳动生产率的相关性特征事实，然后用数据分析不同国家（中国和美国）、中国不同省份和城市乡村的代际职业选择模式，以作为跨经济体比较的数值模拟输入。此外，本章的数值模拟还包含对中国跨时间维度的比较，因而需要不同时间点的代际职业选择模式的数据。因此，本章收集了多个来源的数据以满足多层次、多维度的研究需求。

首先，本章采用 2009 年的 ISSP 微观数据，考察跨国间代际职业流动的特征事实。ISSP 数据是跨国年度调查项目数据，每年有不同的主题，其 2009 年的主题是社会不平等，提供了受访者的自身职业及其父亲职业信息以及收入信息，这些信息对本书研究尤为重要。此外，关于中国不同省份代际间职业流动性的特征事实，本书使用了 2000 年人口普查数据和 2005 年 1% 人口抽样调查数据。通过使用不同年度的数据互相验证，本书希望尽力确保相关特征事实的稳健性。最后，为了计算代际间职业流动性的时间趋势，本书使用了人口普查（1982 年、1990 年、2000 年及 2005 年抽样调查）数据和中国综合社会调查（Chinese General Social Survey，CGSS）数据。CGSS 覆盖的年份包括 2003 年、2005～2006 年、2008 年、2010～2013 年、2015 年，其中 2003 年数据因仅覆盖城镇地区而被去除，其余所有年份均被应用于本章的分析。

其次，数值模拟的输入需要完整的代际职业选择模式，这对数据观测量要求较高。本章使用我国 1982 年的人口普查数据，这是在时间上距离 1978 年改革开放最接近的人口普查数据，本书将其视作中国经济现代化发展的起点。本章选用了 2009 年的 ISSP 中的中国样本，这是我们能够找到的关于中国最新的职业流动相关数据，因此本章将 2009 年作为跨时间对比的终点。对于美国，本章选用了 1990 年、2000 年、2005 年、2010 年的人口普查数据。美国作为发达国家，其经济社会指标长期主要在平稳趋势附近波动，因此本章对这些年份的人口普查数据取均值，以消除经济周期可能带来的影响。以上的数据主要用于我国改革开放前后的跨期比较，以及中美的跨国比较。

最后，本章使用了中国 2005 年 1% 人口抽样调查数据进行省际间和城乡间的比较。使用这一数据是因为省际间和城乡间的比较对数据量的要求更高，ISSP 数据难以满足。此外，2005 年 1% 人口抽样调查数据中包含了收入信息，有助于本书的分析工作。

此外，值得补充说明的是职业分类，因为数据间的比较只有在使用相同职业分类的前提下才有意义。国际上广泛使用国际标准职业分类（International Standard Classi? cation of Occupations，ISCO）来定义和分类职业。ISCO88 是 ISCO 的 1988 年修订版，是目前最普遍使用的版本，所有基于 ISCO88 的职业数据可以进行跨国比较。ISCO88 的职业分类有多种层次，包括 10 个主要的职业大类（1-digit level），28 个次主要的职业类别（2-digit level），116 个职业小类（3-digit level）和 390 个职业细分类（4-digit level）。

我国也有自己独特的职业分类标准，比如《中华人民共和囯国家标准职业分类与代码》（GB/T 6565-1999）的编写参考了 ISCO88，也使用了多层次编码的方法，但是具体分类上两者并不相同。中国人口普查数据一直使用本国的职业分类标准，如果与按照 ISCO88 编码的国际数据进行比较，就需要重新编码，本书尽力避免这种潜在误差，当然在数据内部进行省际或者城乡间的比较时，可以直接默认编码。

本章中 ISSP 数据来自于 ISSP Research Group（2009）的官方网站，职业编码也依照 ISCO88 编制，且职业划分使用最详细的职业细分类（4-digit level）。本章中 1982 年和 1990 年中国人口普查数据和所有年份的美国人口普查数据源于 IPUMS（Integrated Public Use Microdata Series）International 数据库[①]。该数据库由美国明尼苏达大学维护，具有较高的权威性。该数据库中所有职业分类均遵循 ISCO88 编码标准（对中国人口普查数据中的职业也按照 ISCO88 进行了重新编码），这为跨国比较研究提供了较大便利性。本章中 2000 年中国人口普查数据和 2005 年 1% 人口抽样调查数据，其职业编码使用的是中国自有分类标准。此外，本章还使用了国家平均受教育程度以及劳动生产率等相关数据，在具体使用时再

---

① 网页地址：https：//international. ipums. org/international/。

做进一步介绍。

（二）特征事实

前文中图 1-1 和图 1-2 初步描述了职业继承与劳动生产率的负相关关系，下文将进一步丰富这一结果并检验其稳健性。定义代际间的职业流动（Intergenerational Occupational Mobility，IOM）率为子代选取与父代不同职业的概率，相应的代际间的职业继承率为子代选取与父代相同职业的概率。根据定义，这两个概率的和恒为 1。使用 M 指代一个经济体中职业的种类数量，用 $\pi^L = (\pi_1^L, \pi_2^L, K \pi_M^L)$ 来表示父代的职业分布，π_i^l 即指父代中选择第 i 种职业的人口比例。此外，使用 P 来表示代际间的职业转移矩阵[①]。P 是一个 $M \times M$ 的方形矩阵，每一行对应一种父代的职业，每一列对应一种子代职业，而矩阵中的每一个元素 p_{ij} 就是父代从事第 i 种职业时其子代从事第 j 种职业的条件概率。职业转移矩阵包含丰富的信息，能够充分展示一个经济体代际间的职业流动模式。

根据以上的符号标记，代际间的职业流动率可以表示如下：

$$IOM = 1 - \pi^L \cdot diag(P) \tag{1-1}$$

其中，$diag(P)$ 为矩阵 P 的主对角线元素所构成的向量，$\pi^L \cdot diag(P)$ 为 π^L 和 $diag(P)$ 这两个向量的内积。相应地，代际间的职业继承率可以写为：

$$1 - IOM = \pi^L \cdot diag(P) \tag{1-2}$$

在具体计算中，本章使用 2009 年的 ISSP 数据，剔除缺失数据后，数据还包含 36 个国家和地区，基本覆盖了重要的经济体，具有较强的代表性。与此同时，我们还采用了 PWT（Penn World Table）（Feenstra et al.，2015）数据库中的 GDP 和人口数据，以计算劳动生产率。图 1-1 已经展示了职业继承率和劳动生产率相关性的基准结果，其职业继承率（1-IOM）是在职业大类（1-digit level）定义下计算的。线性拟合曲线的斜率系数值为 -0.29，并在 1% 的水平上显著，这意味着一国劳动生产率 1000 美元的上升平均对应职业继承率 0.29% 的下降。此处使用次主要的职业类别（2-digit level）、职业小类（3-digit level）和职业细分类（4-digit level）维度的职业数据，重新描绘了职业继承率和劳动生产率的关系。表 1-1 列出了这一系列回归的结果，附录一中的附图 1-1 则给出了对应图示。由这些图表可见，职业继承率和劳动生产率之间的负相关关系在不同维度的职业分类下依然显著且稳健。改变职业分类的定义，并不会造成估计量明显的变化。

---

① 此后简称为"职业转移矩阵"。

表 1-1　跨国层面职业继承率与劳动生产率的回归

模型	（1）	（2）	（3）	（4）
职业继承率	1-digit	2-digit	3-digit	4-digit
劳动生产率	-0.27^{***} （-3.54）	-0.29^{***} （-4.39）	-0.31^{***} （-4.04）	-0.29^{***} （-3.53）
R^2	0.27	0.37	0.33	0.27
观测值	36	36	36	36

注：括号中的数值为估计系数的 t 统计量；＊＊＊、＊＊和＊分别表示在 1%、5% 和 10% 的置信水平上显著。

此外，由于中国特有的户籍制度，农民的择业相对受到较大限制，因此职业继承率和劳动生产率的相关性可能仅仅源自农民这一劳动力主要群体。为此，本章删除了农民样本后做了稳健性检验，结论依然成立；数据中几个点有离群值（Outlier）的倾向，本章使用了能够抵抗特异值牵引的稳健回归①。以上稳健性检验的结果列在附录一中的附表 1-1、附表 1-2，其中的结果均保持显著。

如果职业继承现象和劳动生产率紧密相关，那么两者之间的相关性结果应该不只存在于跨国间的比较中，也会在中国国内省份之间的比较中出现。为此，基于 2000 年人口普查数据和 2005 年的抽样调查数据，本章计算了每个省份的职业继承率。本章从《中国统计年鉴》获得了对应年份的各省份劳动生产率。图 1-2 对应于 2000 年人口普查数据的结果，更完整的信息可见表 1-2 和附录一中的附图 1-2。从这些图表可知，职业继承和劳动生产率的关系不仅存在于国家之间，还存在于中国省份之间。此外，在删除了所有农民观测值的省际分析中，我们发现结果依旧显著，对应的回归结果列于表 1-2 中，附录一中的附图 1-1 为对应的散点图。

表 1-2　中国省份间职业继承率和劳动生产率回归

职业继承率	2000 年（全样本）	2000 年（无农民）	2005 年（全样本）	2005 年（无农民）
劳动生产率	-2.32^{***} （-9.07）	-0.59^{***} （-2.86）	-1.44^{***} （-8.78）	-0.74^{***} （-5.18）
R^2	0.74	0.22	0.73	0.48
观测值	31	31	31	31

注：括号中的数值为估计系数的 t 统计量；＊＊＊、＊＊和＊分别表示在 1%、5% 和 10% 的置信水平上显著。

---

① 具体而言，我们执行了 STATA 中的 Rreg 命令。

综上所述，本章发现代际间的职业继承和劳动生产率具有显著的负相关关系，这种关系在跨国比较和中国省际比较中都成立，而且在不同的数据定义和内容、不同的回归方法下均稳健。这样的典型事实佐证了本章的理论分析。

（三）对代际间职业流动性的微观分析

本部分进一步讨论总结关于代际间职业流动性的实证研究结果，并对其影响因素进行分析。

首先，着眼于中国劳动力市场的研究为非生产性因素对劳动力个人职业选择的影响提供了较为详尽的证据。第一，关于户籍制度的研究。吴晓刚（2007）发现，户籍制度对代际间职业流动有重要影响，这也进一步导致了农民工与城镇职工的收入差距（邢春冰，2008）。第二，"关系"也是影响劳动力市场结果的重要因素。Lin 和 Bian（1991）、Bian（1997）论述了代际因素对子代寻找优势工作的作用，发现关系起到了重要的作用。边燕杰和张文宏（2001）更是进一步强调亲属和朋友这两类强关系对于职业流动的意义。社会学家定义社会资本为"基于自然人的社会关系而产生的社会资源"（边燕杰、张磊，2013），这个含义比"关系"更具一般性。基于此，研究者探讨了"关系社会资本"对于经济运行的各种影响，包括代际间职业流动（边燕杰，2006；边燕杰、孙宇，2019）。类似地，吴愈晓（2011）将劳动者分为三个群体，即通过正式渠道（不使用关系）、正式渠道与关系相结合（正式+关系）以及完全通过关系获得第一份工作的群体，发现后两类劳动者群体的特征及其劳动力市场经历截然不同。邵宜航和张朝阳（2016）分析了关系社会资本对代际间职业流动的影响，发现其整体上为正向作用，但对不同群体的影响存在异质性。边燕杰等（2012）使用 2009 年 8 个城市的数据详细检验了关系效应假设，论证了关系对于求职的重要影响，发现随着改革推进和加入世界贸易组织（WTO），"人情资源效应"在减弱，这意味着市场经济的发展和对外开放的加深有助于降低关系对劳动力市场的负面作用。李路路等（2018）发现，随着工业化、现代化的发展和社会理性的进步，代际间职业流动性可能会变大。由此可以推知，在城市尤其是在市场机制相对更为完善、更加现代化的沿海区域，代际间职业流动性更强。

其次，在已有研究的基础上，本章将提供直接的辅助性实证结果。本章主要采用 2005 年的全国 1%人口抽样调查数据进行检验，探索前述因素对代际间职业流动的影响。人口普查数据的样本代表性较强，但是描述父代资源的变量较少，仅包含子代和父代的职业与受教育水平、子代的户口类型、城乡家庭（所在家庭是否为城镇家庭）、家庭地理位置（家庭所在地区是否为沿海城市）等相关变量。基于该数据，本章定义职业流动（occu_mob）指示变量，当子代与父代有不同职业时，取值为 1，而保持一致即职业继承时，取值为 0。但职业流动变量只描述了流动与否，缺乏对流动方向和距离的描述，因此本章还定义了职业流动距离（occu_dist）变量，即子代职业社会经济地位指数和父代职业社会经济地位之差。当该变量大于 0 时，子代相对于父代向上流动；小于 0 则意味着相对向下流动；等于 0 意味着两代人职业社会地位一致。本章采用的计量回归模型如下：

$$Y_{ijhr} = \alpha + \beta_1 hktype_{ihr} + \beta_2 urban_{hr} + \beta_3 coastal_{hr} + \lambda_{j,occupation} + \lambda_{j,edu} + \varepsilon_{ijhr} \tag{1-3}$$

其中，i 为劳动力个体，j 为劳动力个体的父代，h 为家庭，r 为省份。Y_{ijhr} 是被解释变量，包括职业流动指示变量和职业流动距离变量。$hktype_{ihr}$ 为地区 r 的家庭 h 中个体 i 的户口类型虚拟变量，当劳动力个体的户口类型为非农户口时，该变量取值为 1，非农户口之外的其他户口类型则为 0。$urban_{hr}$ 为地区 r 的家庭 h 的虚拟变量，若家庭 h 为城镇家庭，该变量取值为 1，否则为 0。$coastal_{hr}$ 为家庭 h 所在地区 r 的虚拟变量，当家庭所在地区为沿海省份时取值为 1，否则为 0。$\lambda_{j,occupation}$ 为父代职业分类固定效应，$\lambda_{i,edu}$ 和 $\lambda_{j,edu}$ 分别为子代和父代受教育程度的固定效应。ε_{ijhr} 为误差项。

根据已有文献的讨论，户籍制度很大程度上会直接决定劳动力市场的结果，且非农户口应该显示更强的代际职业流动性。城市尤其沿海地区具有较高的社会和经济发展水平，也应当显示更强的职业流动特征。表 1-3 汇报了采用 2005 年的全国 1% 人口抽样调查数据得到的估计结果，模型（1）~（3）的被解释变量为职业流动指示变量，采用的估计方法为逻辑回归（Logistic Regression）；模型（4）~（6）的被解释变量为职业流动距离。其中，模型（1）和模型（4）中控制了父代职业固定效应，模型（2）和模型（5）进一步控制了父代受教育程度固定效应，模型（3）和模型（6）则同时控制了父代职业固定效应、父代和子代受教育程度固定效应。由表 1-3 中模型（1）~（3）的回归结果可以发现，非农户口、城镇家庭以及沿海省份的劳动力个体更容易发生职业流动；模型（4）~（6）的结果显示，这些劳动力个体更容易发生向上的职业流动。在控制了文献中常见的教育继承渠道（解雨巷和解垩，2019）后，这些因素与职业流动之间的关系依然十分显著。

表1-3　代际间职业流动的非生产性影响因素（基于2005年的全国1%人口抽样调查）

变量	（1）	（2）	（3）	（4）	（5）	（6）
	occu_mob	occu_mob	occu_mob	occu_dist	occu_dist	occu_dist
hktype	1.993***	1.948***	1.454***	3.165***	3.384***	1.165***
	(17.04)	(17.19)	(10.07)	(17.40)	(21.70)	(9.063)
urban	1.854***	1.845***	1.748***	0.688***	0.711***	0.503***
	(18.50)	(18.40)	(16.80)	(7.051)	(7.372)	(5.300)
coastal	1.744***	1.734***	1.678***	0.379***	0.395***	0.326***
	(8.102)	(7.987)	(7.676)	(3.510)	(3.706)	(3.292)
父代职业	是	是	是	是	是	是
父代教育	否	是	是	否	是	是
子代教育	否	否	是	否	否	是
N	130927	130927	130927	130927	130927	130927

注：括号中的数值为估计系数的t统计量；***、**和*分别表示在1%、5%和10%的置信水平上显著。模型（1）～（3）汇报的并非对应系数beta本身，而是exp（beta），可以直接解读为变量对职业流动概率的影响。

（四）代际间职业流动性的时间变化趋势

已有研究主要使用了横截面数据，虽然也有不同年份，但是未对代际间职业流动长期动态发展做系统性、全面的分析。然而，代际间职业流动的时间变化趋势本身也有很重要的意义。一是分析时间变化趋势有助于对事实形成一致的论断，而基于个别时间点的分析，可能产生片面乃至相互对立的结论；二是分析时间变化趋势有助于理解经济现象发展的方向；三是定量分析会对不同时间点进行对比，而分析时间变化趋势对此提供了事实依据，并可以对定量分析结果起到双重检验的作用。

因此，本章综合使用各类劳动力微观数据来描述中国代际间职业流动的时间变化趋势。具体而言，本章使用了人口普查（1982年、1990年、2000年及2005年抽样调查）和中国综合社会调查（2005~2006年、2008年、2010~2013年、2015年）的数据。人口普查数据虽然间隔稍远，但是覆盖时间长并且数据量大，而中国综合社会调查数据专注于记录社会变迁的趋势，具有数据间隔短、连续性较强等优点，因此它们是特别适合此项研究的代表性数据。虽然两个系列的数据对于职业的编码不尽相同，抽样设计也有差异，因此可能会在数值上会有区别，但是两个系列的数据首尾衔接，能够充分展示整体的时间趋势，而且 2005 年是两个系列的数据重叠的年份，该年数据可以作为两个系列数据进行对比时的参照系。

图 1-3 展示了职业继承率随时间变化的趋势。图中明显可以看到改革开放后，尤其是进入 20 世纪 90 年代以来，中国职业继承率明显下降，截至 2005 年下降了近 20 个百分点，在 2005 年以后依旧保持了较快的下降速度，在 10 年间也下降了约 10 个百分点。结合前文对职业继承的微观分析，这种下降可能来自多种因素，比如说户籍制度改革放松了对农民的约束，使农民子弟能够更自如地进入其他的职业施展自己的天赋，以及国有企业较为普遍的"子女顶替""接班"等政策逐步停止，整个劳动力市场分割减弱，劳动力分配更多地依赖市场机制等。这些因素都会增加代际间的职业流动性，也会对整个经济本的生产效率产生影响，后文会对此做进一步的深入阐述。

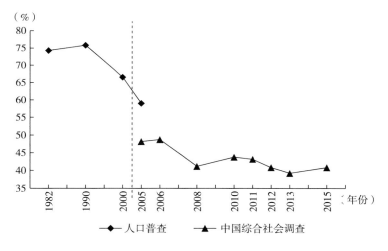

图 1-3　职业继承率随时间变化的趋势

四、机制分析和理论模型

（一）机制分析

为了进一步理解职业继承和劳动生产率之间的关系，本章接下来将分析并分类总结其成因，不同类别成因对经济体造成影响的机制也有区别。具体而言，本章基于产生形式将造成职业继承的原因分为三大类，即劳动力市场摩擦、劳动技能积累的壁垒和经济结构本身的特点。

劳动力市场摩擦泛指劳动力市场因结构性或者技术性的因素导致的人才禀赋错误配置，如制度约束、文化和社会习惯的限制等。在中华人民共和国成立后的很长一段时间内，户籍制度将农村人口和农业生产捆绑在一起，除了少数农村劳动力可以通过求学或参军的方式离开之外，大多数农村人口在农村从事农业劳动。改革开放后逐渐放宽了这种约束，允许农民进入城市寻求其他工作，但即便如此，户籍制度也只是被放松并没有被取消。城镇劳动力市场上遍布"找关系，走后门"这样的情况（Bian，1997），传统的国有企业中"子女顶替""接班"或者"包分配"等政策曾被长期执行。这些因素都会导致个体职业选择障碍，最后滋生职业继承现象。

劳动技能积累①的壁垒也会影响劳动生产率。后天劳动技能积累有两个途径：一是通过家庭内部的传授，如传统式家庭作坊内部的技艺传授；二是通过面向社会大众的教育，如普通的学校教育（尤其是大学教育）、职业教育和工作场所提供的职业培训。家庭内部传授途径提供的劳动技能在很大程度上只能针对家族从事的职业，而面向社会大众的教育给予了劳动者更广泛的职业选择。在现代社会中，面向社会大众的教育应当占据主导地位。然而，与发达国家相比，包括中国在内的发展中国家教育水平普遍不高：在职业教育方面，中国基本在进入 21 世纪后才开始出台一系列促进职业发展的政策②；由于法律体系不完备和信用约束等问题，发展中国家提供工作场所培训的能力也相对受限。以上种种缺陷和因素导致劳动力难以通过社会公开渠道积累其所需要的劳动技能，进而不得不更多地依靠家庭内部途径积累，这样必然会导致职业继承现象的普遍出现。以中国的国情而论，一些本来天赋出众的农家子弟，因为家庭和环境的限制，不能受到良好的学校教育，最后失去了从事各种知识和技术含量高的工种的机会，不得不从事体力劳动，这对中国的经济发展和社会进步而言是巨大的损失。

经济结构差异是指同一职业劳动力在不同经济体中的占比不同。如果某个行业自身容易发生职业继承，且在一个经济体中该行业所雇佣的劳动力较多，那么该经济体就会表现出较低的职业流动性。在现代社会中，自身性质导致职业继承的职业并不多见，一个例子就是一些特殊的传统手工艺，这种技艺的传承需要很长时间且

---

① 本书定义的劳动技能积累都是后天进行的，其余的人力资本都属于先天禀赋。

② 比如，2005 年《国务院关于大力发展职业教育的决定》和 2014 年《国务院关于加快发展现代职业教育的决定》。

受众很小，相对而言可能并不适合社会化的职业技艺传授，即便有也仅仅是艺术院校和机构进行小规模的培训。这种原因导致的职业继承，并不必然意味着生产率的丧失，只是经济体本身的特点而已，因此在模型的比较中，需要将其考虑在内。

分析以上三种原因，劳动力市场摩擦直接造成人力资本在不同职业上的错配，而后天劳动技能积累的壁垒会造成劳动力无法选择其先天禀赋最优的职业，造成先天禀赋和劳动技能之间的错配。这两种不同的因素被统称为职业选择中的扭曲，它们一方面会造成明显的职业继承现象，另一方面也会严重影响中国的劳动生产率提高。庆幸的是，职业选择中的扭曲可以在政府、社会、个人的共同努力下被不断削减，而这种扭曲程度变化的经济影响正是本章的核心内容。第三种因素是中国经济体本身的结构特点，其由中国本身经济发展的历史阶段和在世界经济的分工地位所决定。

基于以上分析，本章的理论模型中将会同时包含这三种因素。在进行基准的跨国、跨省份、跨时间段的反事实实验时，本章保持第三种因素即一个经济体的经济结构不变的前提下，考察职业选择中的扭曲被削弱或者去除时劳动生产率的变化情况，因为只有扭曲才会导致生产率损失。具体地，在模型的基础上，由数据直接观测到的职业继承模式和工资数据来估计职业选择楔子的大小，然后进行数值模拟，计算楔子被减弱或者去除时劳动生产率的变化（具体思路见图1-4）。在拓展分析中，本章也添加了第三种因素，即允许经济结构本身也发生外生变化，以此研究其和职业选择楔子相互作用的机制和影响。

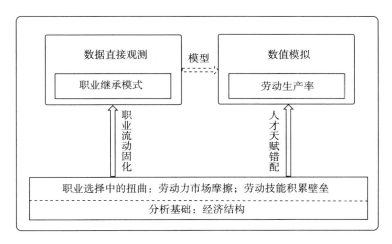

图1-4 总体研究框架

（二）模型

模型的设定基于前文的分析，包含职业选择过程中的各种主要影响因素。模型中的个体具有两种不同的人力资本：一种是先天禀赋，具有相当的随机性；另一种是后天的劳动技能，可以通过投资人力（时间）和物力来获得。这两种人力资本共同决定个体的产出，而个体在每种职业上的收入由其产出和所受到的劳动力市场摩擦共同决定。个体会对不同职业进行比较并加以选择，以最大化其福利。综合来看，在此过程中，父辈职业会通过两个渠道产生影响：一是父辈职业会影响获得后天劳动技能的效率，当个体选择父辈职业时，获得劳动技能的效率更高；二是父辈职业会影响劳动力市场摩擦，当个体选择父辈职业时，面对的劳动力市场摩擦更少。

具体的模型设定如下：每代人均为测度为 1 的连续统，并且都有 1 个后代。依据父代的职业，个体可以分为不同的群体（记为 i），并选择不同的职业（记为 j），依旧标记职业种类总数为 M。[①] 每个个体的先天禀赋是一个 M 维的随机变量，即 $\varepsilon = (\varepsilon_1, \varepsilon_2, \cdots, \varepsilon_M)$，而 ε_1 即为该个体在第 1 种职业上的先天禀赋，以此类推。每个个体生活一期，但可以进一步分解成两个子时期，分别是积累（后天）劳动技能（记作 h）的"童年"和工作的"成年"。在童年时学习劳动技能需要消耗时间和资源，但在工作后能带来更高的产出。本章将 s 记为学习劳动技能的时间投入，那么（$1-s$）为休闲时间；将 e 记为积累人力资本的资源投入[②]，其他的收入将用于消费，记作 c。此外，每单位有效劳动力的工资记为 w_j，对于不同的职业 j，w_j 可以不同。

模型将劳动技能的生产函数写作 $h = \delta s^\phi e^\eta$。其中，系数 δ 是劳动技能积累系数，代表了学习劳动技能的效率，其大小取决于个体所处的群体 i 和职业 j，即 $\delta = \delta_{ij}$；系数 ϕ[③] 和 η 则对应了时间投入和资源投入的产出弹性（Output Elasticity）。个体总有效劳动力由先天天赋和劳动技能共同决定，大小等于 $\varepsilon_{ij} h_{ij}$。此外，本章也考虑了劳动力市场摩擦，按照资源错配文献的惯例，将其设置为税率为 τ_{ij} 的所得税，税率大小亦取决于个体的群体 i 和职业 j。τ_{ij} 越大，则群体 i 的个体在从事职业 j 时得到的实际工资也就越少。综上所述，个人的收入由劳动力市场摩擦 τ_{ij}、

---

① 本书未讨论新职业进入可能带来的影响。如果在中国经济快速发展中产生了生产率更高的新职业，或者说新职业促进了劳动力和工作的匹配，那么将带来额外的生产率提高。

② 书中所指个体对人力资本积累的资源投入主要体现为对教育的投入。

③ 为了充分反映不同职业的技能对于学习时间投入的异质性，本书允许系数 ϕ 随职业 j 变化，即 $\phi = \phi_j$。

总的有效劳动力 $\varepsilon_j h_{ij}$ 以及单位有效劳动力的工资 w_j 共同决定，即个人收入为 $(1-\tau_{ij}) \cdot w_j \varepsilon_{ij} h_{ij}$。分析上面的模型设置发现，两个参数 δ_{ij} 和 τ_{ij} 是父代职业影响子代职业的途径。一般而言，发达经济体相较于欠发达经济体而言会有较大的 δ_{ij} 和较小的 τ_{ij}，即积累劳动技能更高效且劳动力市场摩擦也更小。

在模型设定中，先天禀赋和群体共同决定了个人的状态，即个体状态可以用 (ε, i) 来表示。每个个体需要同时选择个人职业及投入到学习劳动技能的时间 s 和资源 e，以实现自身福利最大化。个体在进行上述选择时，遵循如下两步决策过程：一是对于任一职业，选择最优的时间投入 s 和资源投入 e，以实现个人在选择该职业时的效用最大化[①]；二是比较不同职业能带来的最大效用，从而进行职业的选择。

综上所述，在个体最优化问题中的第一步选择中，对于状态为 (ε, i) 的个体，对于给定职业 j，其个人效用最大化问题可以表示为：

$$\max_{c,e,s} U_{(\varepsilon,i)}(j) = \log(1-s) + \beta \log(c) \tag{1-4}$$

$$\text{s. t.} \quad c = (1-\tau_{ij}) \cdot w_j \varepsilon_{ij} h_{ij} - e \tag{1-5}$$

$$h_{ij} = \delta_{ij} s^{\phi_j} e^{\eta} \tag{1-6}$$

效用函数中的 β 是经典的 Frisch 劳动供给弹性，该参数将参与决定个体时间在劳动和闲暇上的分配。个体做出上述第一步选择选择后，将进一步通过比较不同职业带来的效用选择最优职业 j，即 j 应当满足 $\{j \in J \mid U_{(\varepsilon,i)}(j) \geqslant U_{(\varepsilon,i)}(k), \forall k \in J\}$。通过对以上的个体最优化问题的分析与计算，可以得出任一群体选择任一职业的概率，即职业转移矩阵中元素 $p_{ij} = prob(U_{(\varepsilon,i)}(j) \geqslant U_{(\varepsilon,i)}(k), \forall k \in J \mid i)$。

借鉴 HHJK 模型以及相关文献，假定个体先天禀赋 ε 服从 Frechet 分布，因为该假设可以较好地拟合工资分布的数据，也能提供模型推导上的便利[②]。具体而言，群体 i 的个体先天禀赋的累计分布函数为：

$$\Lambda_i(z) = prob(\varepsilon_{ik} \leqslant z_{ik}, \forall k \in J \mid i) = \exp\left\{-\left[\sum_{k=1}^{M}(T_{ik} \cdot z_{ik}^{-\theta})\right]\right\} \tag{1-7}$$

---

① 个体投入到人力资本积累的时间 s 和资源 e 被决定的同时，个体消费 c 也被决定了，因为 s 决定了个人报酬，e 为教育投入，剩下的部分皆用于个体消费。

② Frechet 分布是广义极值分布（Generalized Extreme Value Distribution）中的一种，经 Eaton 和 Kortum（2002）介绍后被大量应用于生产率异质性的建模中，包括个体层面即工资的异质性建模。除 HHJK 外，典型的有 Burstein 等（2019）、Cortes 和 Gallipoli（2018）、Fan（2019）、Galle 等（2017）、Lagakos 和 Waugh（2013）、Lee 和 Yi（2018）。其中，Burstein 等（2019）使用真实工资数据进行了验证，明确提出 Frechet 分布所隐含的工资分布是观察到的个人工资分布的一个较好的近似值。

其中，参数 T_{ik} 决定了群体 i 在任一职业 k 上先天禀赋的总体平均水平。此外，参数 θ 决定先天禀赋分布的方差，会直接影响工资的分布，后文将用数据中的工资信息对此进行校准。

基于以上设定，一个经济体第 j 个职业的总有效劳动力可以写作：

$$H_j = \sum_{i=1}^{M} \pi_i^L p_{ij} \cdot E_i [h_{ij}\varepsilon_{ij} \mid j] \tag{1-8}$$

其中，π_i^L 是父代职业为 i 的概率，亦即子代属于群体 i 的概率；p_{ij} 是群体 i 选择了职业 j 的条件概率，鉴于前文假定经济体里个体总数为 1 个连续统，因此 $\pi_i^L p_{ij}$ 即是一个经济体里群体 i 中最后选择了职业 j 的个体总数。此外，$h_{ij}\varepsilon_{ij}$ 代表了群体 i 中选择了职业 j 的个体的有效劳动力，因此 $E_i [h_{ij}\varepsilon_{ij} \mid j]$ 是群体 i 中选择了职业 j 的所有个体的平均有效劳动力。综上可知，$\pi_i^L p_{ij} \cdot E_i [h_{ij}\varepsilon_{ij} \mid j]$ 是群体 i 参与到职业 j 的所有个体能够提供的有效劳动力之和，因此 H_j 即为该经济体在职业 j 上的总有效劳动力。

假定有一个代表性公司，雇佣各种劳动者，依照固定替代弹性生产（CES）函数生产最终产品。使用 A_j 表示行业 j[①] 的生产率，则该公司的利润最大化问题可以写作：

$$\max_{H_j} Y - \sum_{j=1}^{M} w_j H_j \tag{1-9}$$

$$\text{s. t. } Y = \left\{ \sum_{j=1}^{M} (A_j H_j)^{\frac{\sigma-1}{\sigma}} \right\}^{\frac{\sigma}{\sigma-1}} \tag{1-10}$$

定义：竞争性均衡（Competitive Equilibrium）。

给定各个职业特定的生产率 A，人力资本积累系数 δ，劳动力市场摩擦 τ，竞争性均衡是工资 w 和一组最优选择 $\{c, s, e, p, H\}$：

（1）给定工资 w，这组最优选择使得所有个体（ε, i）获得最大效用。

（2）给定职业生产率 A 和工资 w，这组最优选择使得代表性公司获得最大利润。

（3）每个职业的劳动力市场出清。

（4）商品市场出清。

（三）职业选择楔子的估计

在资源错配的文献中，楔子的估计往往是关键的一步。本部分主要展示如何使用真实数据估计职业选择楔子。附录二提供了模型求解的完整过程。

---

① 在本书中，行业指职业，后文不再赘述。

求解消费者效用最大化问题［式（1-4）］，可求得个体最优化选择并计算消费者间接效用函数：

$$U_{(\varepsilon,i)}(j) = \left[\delta_{ij}(1-\tau_{ij})w_j\varepsilon_{ij}\eta^\eta(1-\eta)^{1-\eta}s_j^{\varphi_j}(1-s_j)^{(1-\eta)/\beta}\right]^{\beta/(1-\eta)} \tag{1-11}$$

该式描述了个体（ε，i）的第一步选择，基于此该个体可以进一步选择职业。定义 $Y_{ij} \equiv \delta_{ij}(1-\tau_{ij})w_js_j^{\phi_j}(1-s_j)^{(1-\eta)/\beta}$，则 $U_{(\varepsilon,i)}(j) = \left[\eta^\eta(1-\eta)^{1-\eta}Y_{ij}\varepsilon_{ij}\right]^{\beta/(1-\eta)}$，可以求得群体 i 选择职业 j 的条件概率：

$$p_{ij} = prob\left(U_{(\varepsilon,i)}(j) \geqslant U_{(\varepsilon,i)}(k), \forall k \in J \mid i\right) = \frac{T_{ij}Y_{ij}^\theta}{\sum_k T_{ik}Y_{ik}^\theta} \tag{1-12}$$

p_{ij} 是一个很重要的内生变量，它汇报了群体层面上的职业转移概率，直接对应真实数据中的统计量，因此它能够起到沟通真实数据和模型内生变量的作用。

定义 $\psi_{ij} \equiv T_{ij}^{1/\theta}Y_{ij} = \delta_{ij}(1-\tau_{ij})T_{ij}^{1/\theta}w_js_j^{\phi_j}(1-s_j)^{(1-\eta)/\beta}$，可以计算群体 i 选择了职业 j 的个体所获得的平均工资：

$$INC_{ij} = (1-\tau_{ij})w_jE_i[h_{ij}\varepsilon_{ij} \mid j]$$
$$= \eta^{1/(1-\eta)}(1-s_j)^{-1/\beta}\left(\sum_k \psi_{ik}^\theta\right)^{\frac{1}{\theta(1-\eta)}} \cdot \Gamma\left(1 - \frac{1}{\theta(1-\eta)}\right) \tag{1-13}$$

INC_{ij} 也是一个很重要的内生变量，它汇报了群体层面上的职业平均工资，同样直接对应真实数据中的统计量。

定义职业选择楔子 $\kappa_{ij} \equiv \left[\delta_{ij}(1-\tau_{ij})\right]^{-1}$，$\kappa_{ij}$ 包含了两种不同的摩擦系数 τ_{ij} 和 δ_{ij}，因此反映了群体 i 选择职业 j 将面临的总体扭曲强度。当 τ_j 变大或者 δ_{ij} 变小，即群体 i 选择职业 j 面对的劳动力市场摩擦越大或者积累劳动技能越困难时，κ_{ij} 就会增大，此时群体 i 会更倾向于不选择职业 j；反之，当 τ_{ij} 变小或者 δ_{ij} 变大，即群体 i 选择职业 j 面对的劳动力市场摩擦越小或者积累劳动技能越容易时，κ_{ij} 就会变小，此时群体 i 会更倾向于选择职业 j。把所有的 κ_{ij} 联合在一起，定义职业选择楔子矩阵 $K \equiv \{\kappa_{ij}\}_{i,j \in J}$，这个 K 矩阵充分描述了一个经济体限制人力资本合理配置的各种因素的强度。

联立式（1-12）和式（1-13），并代入 ψ_{ij} 的定义，经过化简以后可以得到：

$$\frac{\kappa_{hj}}{\kappa_{ij}} = \frac{\delta_{ij}(1-\tau_{ij})}{\delta_{hj}(1-\tau_{hj})} = \left(\frac{T_{hj}}{T_{ij}}\right)^{\frac{1}{\theta}} \cdot \left(\frac{INC_{hj}}{INC_{ij}}\right)^{-(1-\eta)} \cdot \left(\frac{p_{hj}}{p_{ij}}\right)^{-\frac{1}{\theta}} \tag{1-14}$$

其中，等式左边是职业选择楔子，右边关乎 T、INC 和 p。等式右边的 T 关乎先天禀赋的分布，同 HHJK 模型一样，在基准情形中本章假定"人人生而平等"，即 $T_{ik} = 1$，但之后的进一步分析中将放松此假设。INC 是指单一群体在单一职业中的平均收入，p 是单一群体在职业选择中的条件概率，这两者都可以从数据中直接获取。因此，根据式（1-14）可以使用真实数据直接估计职业选择楔子矩阵 K。

式（1-14）基于直观的经济学逻辑。根据前文的分析，职业选择楔子会造成不同家庭背景出身的个体在选择职业时面对强度不同的壁垒，这种壁垒也必然在劳动力市场的结果上显示出来。也就是说，职业转移概率和平均收入是由职业选择楔子间接决定的，它们本身也必然包含了职业选择楔子的信息。式（1-14）充分使用了真实统计数据中包含的信息来反映并估计职业选择楔子。

（四）理论拓展分析

本章意在考察职业选择中的扭曲对经济造成的影响，因此在基准的数值模拟中，我们将运用式（1-14）估计的职业选择楔子考察改变该楔子带来的经济影响。在此基础上，本章将进一步进行理论探索，分析职业选择楔子外的其他基本经济要素发生变化时，模型对经济体反应的预测。在数值模拟部分，我们进一步定量计算经济体反应的大小。因此，理论拓展分析与后文的数值模拟部分相辅相成，即理论拓展分析有助于厘清模型中各种经济要素对均衡结果的影响及其机制，进而理解数值模拟得到的结果，而数值模拟可以进一步检验理论拓展分析得到的定性结果，并且定量地比较各个影响机制的相对重要性。

具体而言，本章对模型进行两个角度的拓展分析。首先，在基准结果中仅讨论了职业选择扭曲带来的影响。劳动力市场摩擦影响的是劳动力的供给和需求之间的匹配，劳动技能积累壁垒影响的是劳动力的供给。在改革开放的过程中，中国经济不同行业的生产率会发生相对变化，进而从劳动需求端影响职业的选择。这三种因素会互相作用，影响不同职业劳动力的相对份额，进而造成经济结构的变化。为了充分考察不同因素作用机制及相互影响的方式，本章对基准模型结果进行拓展，把行业相对生产率的变化加入模型中，建立一个均衡分析的通用框架（Universal Framework）来考察各个因素的相互作用。

其次，在基准模型中我们假设后代能力的先天分布在不同的群体中相同，即"人人生而平等"，这个假设只有在不同群体能够提供类似的营养条件和婴幼儿早期教育的前提下才能满足。然而，"罗斯高难题"意味着该假设可能偏离中国的现实。为了进一步考察农村儿童认知能力落后带来的影响，本章对模型进行了拓展，允许遗传的职业能力因群体而不同，然后使用类似的均衡分析通用框架考察该机制和职业选择楔子的相互作用及对经济体的综合影响。

1. 均衡分析的通用框架

下面将建立一个均衡分析的通用框架，考察不同外生冲击的相互作用以及对经济体影响的机制和相互作用。具体而言，本章考察当行业间相对生产率（$\{A\}$）和职业选择中的扭曲（$\{\delta, \tau\}$）发生变化时，均衡条件下经济指标的变化。对于任一变量 x，本章使用 x' 来标记其在新均衡模型中的值。

经过模型校准，可以解得初始均衡中各元素的取值，即参数 $\{\beta, \theta, \eta, \sigma, \phi, T\}$、基本经济要素 $\{A, \delta, \tau\}$ 以及均衡时经济变量 $\{c, e, s, p, w, H, \pi, \pi^L, \Phi, Y\}$。为了方便，我们将初始均衡的所有信息整体标记为 Θ。在新的框架中，基本经济要素受到冲击后变为 $\{A', \delta', \tau'\}$，需要求解新均衡下各个经济变量。

基于模型的特性，工资的求解是解新均衡的关键，具体求解过程如下：

第一步，给定新均衡下的工资 w'，那么根据附录二中的式（5）即可求出代际职业转移概率 $p'=p'(w', A', \delta', \tau' \mid \Theta)$。由此可知，$p'$ 是初始均衡信息 Θ、给定冲击 $\{A', \delta', \tau'\}$ 和工资 w' 的方程，其中只有工资 w' 未知。

第二步，根据附录二中的式（10），可知 $\Phi'=\Phi'(p', \delta', \tau' \mid \Theta)$，代入第一步的结果即 $p'=p'(w', A', \delta', \tau' \mid \Theta)$，可知 $\Phi'=\Phi'(w', A', \delta', \tau' \mid \Theta)$，则 Φ' 也是初始均衡信息 Θ、给定冲击 $\{A', \delta', \tau'\}$ 和工资 w' 的方程，其中只有工资 w' 未知。

第三步，根据附录二中的式（15），可知 $Y'=Y'(A', \Phi' \mid \Theta)$，代入第二步的结果，同样可知 $Y'=Y'(w', A', \delta', \tau' \mid \Theta)$，即 Y' 也是初始均衡信息 Θ、给定冲击 $\{A', \delta', \tau'\}$ 和工资 w' 的方程，其中只有工资 w' 未知。

第四步，已知 p'、Φ'、Y' 都是工资 w' 的方程，将其全部代入劳动力市场出清条件即附录二中的式（12）中，可以得到一个关于 w' 的隐函数：$\Omega(w', A', \delta', \tau' \mid \Theta)=0$。如果关注工资对单一外部冲击（比如说 A）的局部弹性（local elasticity），使用隐函数定理即可得 $D_A w'=-[D_A \Omega]^{-1}D_w \Omega$。但本书需要进行全局的反事实实验，因此必须直接解出新均衡。基于文献 Allen 等（2020）的相关结果，可以确定拓展模型有唯一解，因此可以求解 $\Omega=0$，并将其解写成 $w'=\Xi(A', \delta', \tau' \mid \Theta)$，即 w' 可以直接由所有已知信息直接求得。

第五步，解出 w' 之后，代入第三步的结果，可以计算出 $Y'=\Psi(A', \delta', \tau' \mid \Theta)$。也可以代入其余各式，求解新均衡中所有内生变量。

基于以上的分析，进一步以对总产出 Y 的影响为例，讨论不同冲击的相互作用。基准结果中仅考虑了职业选择楔子，即在保持 A 不变的前提下，将 $\{\delta, \tau\}$ 变为 $\{\delta', \tau'\}$，称之为"$\{\delta, \tau\}$ 效应"。类似地，如果仅考虑行业间相对生产率的影响，那么应在保持 $\{\delta, \tau\}$ 不变的前提下，将 A 变为 A'，称为"$\{A\}$ 效应"。如果同时变化 $\{A, \delta, \tau\}$ 的话，此时对总产出 Y 的影响，被称之为"总体效应"。"总体效应"应当等于"$\{\delta, \tau\}$ 效应"加上"$\{A\}$ 效应"，再加上这两个不同因素之间相互作用的"交叉效应"。

式（1-15）即为以上分析的数学表达。左边是"总体效应"，右边是将其分解成"$\{\delta, \tau\}$ 效应""$\{A\}$ 效应"以及"交叉效应"。由式（1-15）可知，"交叉效应"的前半部分 $[\ln \Psi(A', \delta', \tau' \mid \Theta) - \ln \Psi(A, \delta', \tau' \mid \Theta)]$ 其实就是在 A' 处的"$\{\delta, \tau\}$ 效应"，"交叉效应"的后半部分 $[\ln \Psi(A', \delta, \tau \mid \Theta) - \ln \Psi(A, \delta, \tau \mid \Theta)]$ 其实就是在 A 处的"$\{\delta, \tau\}$ 效应"。由此可知，"交叉效应"就是 A 变为 A' 导致的"$\{\delta, \tau\}$ 效应"的变化。后文的数值模拟会定量计算每个效应的大小，从而比较其相对重要性。

$$\ln \frac{Y'}{Y} = \ln \Psi(A', \delta', \tau' \mid \Theta) - \ln \Psi(A, \delta, \tau \mid \Theta)$$

$$= [\ln \Psi(A, \delta', \tau' \mid \Theta) - \ln \Psi(A, \delta, \tau \mid \Theta)] +$$
$$[\ln \Psi(A'_s, \delta, \tau \mid \Theta) - \ln \Psi(A, \delta, \tau \mid \Theta)] +$$
$$[\ln \Psi(A', \delta', \tau' \mid \Theta) - \ln \Psi(A, \delta', \tau' \mid \Theta)] \text{ 交叉效应}$$
$$[\ln \Psi(A', \delta, \tau \mid \Theta) - \ln \Psi(A, \delta, \tau \mid \Theta)] \tag{1-15}$$

2. 对"罗斯高难题"的拓展分析

在本章框架下，"罗斯高难题"可以理解为农民群体出身的个体先天禀赋 ε[①] 下降。本章对模型进行拓展，引入对先天禀赋的冲击 $(1+\chi)$ 来分析"罗斯高难题"对经济体的影响。具体而言，扩展先天禀赋的分布为：

$$F_i(z) = \exp\left\{-\sum_{k=1}^{M}[T_{ik} \cdot ((1+\chi_{ik})z_k)^{-\theta}]\right\} \tag{1-16}$$

若 $\chi_{ik} = 0$，式（1-16）中的先天禀赋分布退化成式（1-7），若 $\chi_{ik} > 0$，意味着群体 i 在职业 k 上的能力会收缩至式（1-7）中分布的 $1/(1+\chi_{ik})$。定义 $\tilde{T}_{ij} \equiv \sum_k T_{ik}[(1+\chi_{ik})Y_{ij}/Y_{ik}]^{-\theta}$，结合式（2-12）、式（2-13）、附录二中的式（5）计算可得（详见附录三）：

---

① 从字面意义上说，先天禀赋应当是指出生以前或者完全由基因决定的能力，但此处 0~3 岁时的抚育也是完全由家庭背景决定的，因此在模型中也符合"先天"的定义。

$$\widetilde{p}_{ij} = \frac{T_{ij}(1 + \chi_{ij})^{-\theta} Y_{ij}^{\theta}}{\sum_k T_{ik}(1 + \chi_{ik})^{-\theta} Y_{ik}^{\theta}} \tag{1-17}$$

式（1-17）将先天禀赋的冲击（$1+\chi$）对职业选择的影响考虑在内。如果该冲击不存在，即 $\chi = 0$，则式（1-17）会退化成附录二中的式（5）。类似地，结合附录二中的式（7）计算求得：

$$\widetilde{\Phi}_j \equiv (\eta^{\eta} s_j^{\phi_j})^{1/(1-\eta)} \cdot \Big\{ \sum_i \Big[\pi_i^L \big(\widetilde{p}_{ij}^{\ 1-\frac{1}{\theta(1-\eta)}}(1 + \chi_{ij})^{-\frac{1}{(1-\eta)}} \big) \cdot T_{ij}^{\frac{1}{\theta(1-\eta)}} \cdot (\delta_{ij}(1 -$$
$$\tau_{ij})^{\eta})^{1/(1-\eta)} \Big] \Big\} \cdot \Gamma\Big(1 - \frac{1}{\theta(1 - \eta)}\Big) \tag{1-18}$$

式（1-18）中的 $\widetilde{p}_{ij}^{\ 1-\frac{1}{\theta(1-\eta)}}(1+\chi_{ij})^{-\frac{1}{(1-\eta)}}$ 部分与附录二中的式（10）不同，因为式（1-18）是将先天禀赋的冲击（$1+\chi$）考虑在内导致的。如果该冲击不存在，即 $\chi = 0$，则式（1-18）也将简化成附录二中的式（10）。

在这个新的拓展框架中，式（1-17）、式（1-18）分别取代了附录二中的式（5）、式（10）。此外，将附录二中的式（14）、式（15）中的 Φ_j 对应地替代为 $\widetilde{\Phi}_j$ 之后，这四组公式即形成了新均衡。

基于以上的理论分析，我们采用类似于均衡分析的通用框架，综合考虑"罗斯高难题"（即 $\{\chi\}$）和职业选择中的扭曲（即 $\{\delta, \tau\}$）对经济体的综合影响。在基准结果中只考虑职业选择中的扭曲，即在选择 $\chi = 0$ 的前提下，将 $\{\delta, \tau\}$ 变为 $\{\delta', \tau'\}$，称为"$\{\delta, \tau\}$ 效应"。之后，仅考虑"罗斯高难题"的影响，即在保持 $\{\delta, \tau\}$ 不变的前提下，施加先天禀赋的冲击 $(1+\chi)$，称之为"$\{\chi\}$ 效应"。最后，同时施加 $\{\chi, \delta, \tau\}$ 的外生冲击对总产出 Y 的总体影响，应当是"$\{\delta, \tau\}$ 效应"加上"$\{\chi\}$ 效应"，再加上这两个不同因素之间相互作用的交叉影响，即"交叉效应"。分解过程类似于式（1-15），此处不再赘述。

五、参数选定和数值模拟

（一）参数选定

为了使数值模拟的结果能够有效拟合经济体真实情况，需要选择合适的参数。本章模型的一个优点就是直接从微观数据获取信息，从而将理论和实际数据充分结合，这也是现代定量分析的导向（Costinot and Rodríguez-Clare，2014）。

其中，职业转移矩阵较为重要，因为它直接含有职业选择的信息。若一个经济体包含 M 种职业，转移矩阵则包含 M^2 个元素。为了准确估计这个矩阵，本章选用了中国 1982 年人口普查数据和 2005 年的抽样调查数据，1990 年、2000 年、2005 年、2010 年的美国人口普查数据；此外，还选用了 2009 年的 ISSP 中的中国数据。中国 2005 年的抽样调查数据使用了中国的职业分类标准，其他数据都采用了 ISCO88 的职业分类，但是所有数据都包含了 9 大类职业，相应的职业转移矩阵包含 81 个数据。此外，本章还使用了 Barro 和 Lee（2013）的中国和美国受教育程度数据。

书中共使用了四个类型的数据来进行校准：一是职业转移矩阵；二是行业平均工资；三是不同群体之间平均工资的比例；四是某一个群体的平均受教育年份。这四个类型的数据分别提供了 M（$M-1$）、M、$M-1$ 和 1 个矩条件，共计 M（$M+1$）个矩条件。上述矩条件将用于校准 K 矩阵、行业间相对生产率 A、某一个群体的平均教育程度 s，分别需要 M^2、$M-1$ 和 1 个矩条件，总共也是 M（$M+1$）个矩条件。因此，从数据中得到的信息足以用于校准模型。

此外，数值模型需要选择 θ 和 η，如前文所述，它们会决定工资分布的特点。根据模型，对于给定的选择职业 j 的群体 i，其组内工资 Frechet 分布的形状参数（Shape Parameter）为 θ（$1-\eta$）（详见附录三）。本章使用了 2005 年的抽样调查数据，将收入取对数之后，回归在群体乘以职业的固定效应上，然后取其残差，用来估计组内工资的形状参数。η 是劳动积累中资源投入的产出弹性，本章借鉴了 HHJK 模型的经典取值。综上所述，各参数赋值如下：$\theta = 4.5867$，$\eta = 0.25$。

此外，还需对劳动供给弹性 β 赋值，这个参数决定了教育的明瑟收益率（Mincerian Return）。对于中国的明瑟收益率，不同的研究得到不同的估计结果，从 Johnson 和 Chow（1997）的 3.29%、Zhang（2011）的 10.24% 到 Awaworyi 和 Mishra（2014）的 17.26%。本章遵从 HHJK 模型的赋值，对应的明瑟收益率为 12.7%。在稳健性检验中，不同的参数选择并不会改变本章的核心结果[①]。

（二）数值模拟

本章数值模拟分为基准结果、机制探讨和拓展分析三部分，共进行 A～D 八套数值分析。其中，A～D 为基准结果；E～F 为机制探讨，主要是针对分析户籍

---

① 限于篇幅，此处不再详细报告，如感兴趣，可向笔者索取。

制度的影响；G~H 为拓展分析。

1. 基准结果

基准结果旨在考察职业选择中的扭曲对经济体劳动生产率的影响，即仅考虑"$\{\delta, \tau\}$效应"。基准的数值模拟的主要实施步骤包括：第一，对于某个时间的某个经济体（比如改革开放初期的中国），根据前文所述校准模型步骤，获得 Θ 的完整信息，尤其是其中的职业选择楔子矩阵 K；第二，保持该经济体的经济结构（$\{A, T, S\}$）不变，输入一个反事实情境下新的 K 矩阵，重新求解模型的均衡；第三，对新旧均衡进行比较，进而得到矩阵 K 的变化对整个经济体的影响程度，尤其是对产出的影响。简言之，本章的数值模拟是在两个不同的楔子 K 矩阵下，对两个静态均衡进行比较。根据不同的研究目标，应当选择不同的 K 矩阵组合进行反事实分析。

具体地，基准结果中进行以下四个方面的反事实分析：

实验 A：跨国的反事实分析。美国劳动力市场化较为完全，人力资本配置较为高效，那么如果中国在改革开放初期能达到美国的市场化高效率配置的话，此方面劳动生产率总的增长潜力是多少？为了回答这个问题，只需保持中国 1982 年的经济结构不变，代入美国的 K 矩阵，重新计算整个均衡，然后进行比较。这也是最完整的"$\{\delta, \tau\}$效应"，其结果亦将进一步用于后文的拓展分析中。

实验 B：跨期的反事实分析。改革开放以来，我国市场化程度不断推进，各种僵化的政策被放松，已从优化人力资本配置中获益，那么此渠道已经实现的增长潜力到底有多少，还有多少有待开发？为了回答这个问题，只需保持中国 1982 年的经济结构不变，代入中国 2009 年的 K 矩阵，重新计算整个均衡，然后进行比较。

本章把实验 A 和实验 B 的结果结合在一起进行讨论，这样一方面能够估计中国在人力资本配置渠道的增长极限，另一方面也可以对改革开放已经取得的增长效果进行测算，即可识别未来还有多少潜力可开发。

实验 C：跨省份的反事实分析。中国省份之间存在较为明显的贫富差距。《中国统计年鉴》数据显示，2005 年浙江的劳动生产率是 27703 元/人，安徽的劳动生产率是 8675 元/人，前者是后者的 3.2 倍。如此大的贫富差距，多大程度可以归咎于人力资本在职业之间使用效率的差异呢？为了回答这个问题，本章基于 2005 年的全国 1%人口抽样调查数据对模型进行了校准。具体地，保持安徽的经济结构不变，代入同年份浙江的 K 矩阵，重新计算均衡值，进而得到在浙江的摩擦系数下安徽的劳动生产率发生的变化。

实验D：城乡结构的反事实分析。中国存在城乡二元结构，近年来，中国在不断加速推进城镇化进程。在农村人口从乡村进入城市的过程中，随着人才资源潜力的释放和进一步开发，在一定程度上推动了中国经济的快速发展，但中国经济发展在多大程度上得益于城市化进程的推进？《国家新型城镇化规划（2014~2020年）》显示，2005年我国的城镇化率是43%，到2020年中国的城镇化率已达到60%。本章使用2005年1%人口抽查数据校准模型，输入在60%的城镇化率的情况下对应的K矩阵，重新计算均衡值再加以比较。

2. 机制探讨：户籍制度的影响

基准结果提供的分析是对所有职业选择中的扭曲总体效果的估计，其中具体机制多种多样。根据前文的分析，户籍制度对代际间的职业流动有重要的影响，因此接下来集中关注这种制度性扭曲。具体而言，本部分借鉴Fan（2019）的做法，定量探究户籍制度通过职业选择对生产效率的影响，具体步骤如下：

第一步，使用微观计量方法估计户籍制度改革对代际间职业流动的影响。孙文凯等（2011）对户籍制度改革的具体措施做了详尽的总结，包括改革时间、改革范围、改革程度这三个维度。针对这些措施，Fan（2019）参考了Kinnan等（2018）文本分析的方法，在新华网和北大法律数据库中搜索了户籍相关关键字的文本记录，并以此编制了地级市层面的户口改革指数（Hukou Reform Index，HRI）。该指数记录了截至2010年户口政策的开放程度随时间的变化情况，取值为0~6，数值越大，表明户籍制度的限制越小。在户籍制度改革前，该指数为0；而到2010年，该指数已上升为3.31。由于户籍政策起作用需要时间，因此在实际使用该数据时，Fan（2019）计算了时间点前5年数据的均值，本章也依此处理。

本章采用的计量回归模型如下：

$$y_{it} = \alpha + \beta HRI_{it} + \gamma X_{it} + c_i + \varepsilon_{it} \tag{1-19}$$

其中，i为地区；t为时间；y为被解释变量，是人口普查中计算出的职业继承率；X为控制变量。因为担心城市规模的影响，此处控制了城市人口对数，同时使用学校的师生比对公共服务水平加以控制。现有文献发现贸易可能也会影响代际间的职业流动（Ahsan and Chatterjee，2017），因此估计中控制了地区到港口的距离。在数据和估计方法允许的范围内，本章尽力控制其他影响因素，以估计户籍制度改革对代际间职业流动的影响。估计结果显示，$\gamma = -0.0604$，即HRI指数每上升 1，职业继承率会下降 6.04%。例如，1982~2010 年，我国总体的 HRI 指数升高了约 2.49，由此可以解释的职业继承率下降幅度为 15.04%。根据图 1-3 可知，1982 年和 2010 年的职业继承率差值为 31.13%。由此可见，户籍制度的改革对代际间的职业流动有显著的影响。

第二步，使用真实数据并结合第一步估计结果，计算仅考虑户籍制度改革这个单一要素时的职业继承率，并进一步使用它来反推其对应的职业转移矩阵。本章考虑两个不同的情境：第一种情境（实验 E）是完全放开户籍制度的限制，即让 HRI 指数上升到最大值。此情境与全方位的理想状态的实验 A 相互对应，是一种部分理想的状态，即完全去除户籍制度产生的影响，并保持其他影响在 1982 年的初始状态。第二种情境（实验 F）是放开户籍制度至 2009 年的程度。此情境与实验 B 相互对应，实验 B 中使用了完整的 2009 年影响程度，而此情境是保持其他因素的影响在 1982 年的初始状态，但是放松户籍制度产生的影响至 2009 年的程度。

因为户籍制度影响了农民转向其他职业，所以在使用职业继承率来反推职业转移矩阵时，本章假设职业继承率的下降完全落在农民后代的身上。

第三步，使用新的职业转移矩阵估计对应情境下的职业选择楔子矩阵。

第四步，使用新的职业选择楔子矩阵进行反事实实验，计算劳动生产率的变化。

最后两个步骤在方法上与前文基准结果中的做法完全一致。

3. 拓展分析

本章进一步分析了职业选择楔子和经济体其他外生冲击的相互作用。具体而言，本章进一步执行了两个反事实实验：

实验 G 基于本章第四部分的均衡分析的通用框架，是在行业间相对生产率发生变化时的跨国反事实实验。具体来说，首先，本章借助 Brandt 和 Zhu（2010）、Zhu（2012）的数据，计算了 1982~2009 年中国行业生产率的相对变化，然后与 1982 年初始均衡中各行业的生产率相乘，由此计算得到 2009 年即新均衡中各行业的生产率 A'。其次，在保持 $\{\delta, \tau\}$ 不变的前提下，仅对经济体施加新的行业生产率 A'，由此计算"$\{A\}$ 效应"。再次，进一步添加楔子矩阵的变化，即对经济体施加 $\{A', \delta', \tau'\}$ 冲击，由此计算 $\{A, \delta, \tau\}$ 同时变化对总产出 Y 的"总体效应"。最后，使用以上结果以及实验 A 中计算的"$\{\delta, \tau\}$ 效应"，按照均衡分析的通用框架，将"总体效应"分解为"$\{\delta, \tau\}$ 效应""$\{A\}$ 效应"和"交叉效应"。

实验 H 是基于本章第四部分对"罗斯高难题"的拓展分析，是在"罗斯高难题"基础上的跨国反事实分析。根据 Wang 等（2019）的分析，中国农村儿童的认知水平相对于正常平均值落后了 0.49 个标准差。基于此，首先，本章对农民群体施加 χ 冲击，使其均值相对于正常值下降 0.49 个标准差，对其他群体则不施加此冲击，由此计算"$\{\chi\}$ 效应"。其次，再添加楔子矩阵的变化，即对经济体施加 $\{\chi, \delta', \tau'\}$ 冲击，由此计算其对总产出 Y 的"总体效应"。最后，使用以上结果和实验 A 中计算的"$\{\delta, \tau\}$ 效应"，按照均衡分析的通用框架，将"总体效应"分解为"$\{\delta, \tau\}$ 效应""$\{\chi\}$ 效应"和"交叉效应"。

六、数值模拟结果分析

（一）基准结果

根据式（1-14）可以依据数据直接求得楔子矩阵 K 中的每个元素 κ_{ij}，而 $\kappa_{ij} = [\delta_{ij}(1-\tau_{ij})]^{-1}$ 由 δ_{ij} 和 τ_{ij} 共同决定，即无法从数据中分解出 δ_{ij} 和 τ_{ij}，但是 δ_{ij} 和 τ_{ij} 又可能会对经济体造成不同的影响。为了解决这个问题，本章考虑两个极端的情况：一种情况是假设 κ_{ij} 完全来源于 δ_{ij}，即 $\tau_{ij}=0$；另一种情况是假设 κ_{ij} 完全来源于 τ_{ij}，即 $\delta_{ij}=1$。真实情况处于这两种极端情况的中间，因此知道这两个极端值，就能得到真实值的范围。

表 1-4 报告了基准数值模拟的结果。虽然 δ_{ij} 和 τ_{ij} 通过两种相似但不尽相同的渠道影响结果，但是在数值上结果相差并不大，这有效缩小了真实影响值可能出现的范围，对于结果有效性的分析很有帮助。

表 1-4　定量分析基准结果　　　　　　　　单位：%

	（1）A	（2）B	（3）A-B	（4）C	（5）D
$\tau_{ij}=0$	79.69	23.49	56.20	44.60	2.58
$\delta_{ij}=1$	73.18	29.34	43.84	38.98	2.51

在中国和美国的数值模拟（A）结果中，如果 1982 年职业选择楔子能够降低到美国的水平，中国的人均产出可以增加 73.18% ~ 79.69%。这个数字是非常

惊人的，一方面说明中国劳动生产率可提高的潜力之大，另一方面也反映出中国的人力资本利用效率较低。

1982年和2009年的数值模拟（B）结果表明，经过近30年的努力，中国劳动力在不同职业间的配置和使用效率得到较大改善，进而提高了中国的劳动力生产水平。如果把美国的劳动力配置视为理想状态，表1-4列（1）结果呈现了中国改善劳动力职业间的配置和使用效率，对劳动生产率增长贡献的极限；列（2）结果呈现了中国在1982~2009年通过职业配置改善路径已经实现的增长。用A减去B得到列（3）结果，该结果表明，虽然中国已经实现了快速增长，但是仍有43.84%~56.20%的潜力有待挖掘。由此可知，但是只要政府在人力资本配置过程中继续深化改革，持续推进完善社会主义市场机制，我国经济仍然具有十分广阔的增长空间。

在浙江和安徽的定量实验C结果中，如果安徽的跨代职业选择摩擦综合系数能够调整到浙江的水平，安徽的人均产出可以增加38.98%~44.60%。不可否认的是，浙江较发达的经济水平在很大程度上得益于较高程度的对外开放，但本章结果也表明，安徽的劳动力市场存在更多的低效率配置，从而在一定程度上阻碍了当地的经济发展。

最后一组定量实验是假定2005年的城镇化率达到60%时，中国的劳动生产率增长情况。一般而言，城镇居民的受教育程度较高，而且其市场机制较为完善，居民拥有更多的职业选择自主权，因此人力资本的配置也更有效率。随着城镇化率的提高，人口从农村转移到城市，更多的人力资本得到了更好的开发利用。估计结果显示，城镇化率从43%提高至60%会使劳动生产率增长2.51%~2.58%。因此，城镇化不仅可以提高农民的生活水平，使其享受到更先进的医疗教育服务，而且会推动一国经济的发展。

综上所述，人力资本在职业间的配置对经济发展有着深远的意义。中国在改革开放的前30年，人力资本的配置和使用效率进步明显，推动了中国经济的快速发展，但毋庸置疑的是，中国在人力资本配置和使用上仍然具有较大的提升空间，中国经济还具有较大的增长潜力。在供给侧结构性改革过程中，应同时注重人才资源在行业之间、省际之间的有效配置，提高社会人力资本的配置和使用效率，同时持续加快推进城镇化进程，降低人力资本的错配，以期促进中国经济的可持续发展。

（二）基准结果：进一步分析

上文对定量分析结果进行了整体描述，接下来我们进一步深入讨论具体群体在反事实实验中平均劳动生产率的变化，以期了解背后的影响机制。表1-4列出了每个群体平均劳动生产率的变化，其中的平均劳动生产率由该群体在不同职业的劳动产出加权求得。

首先，由表1-5中实验A和实验B的结果可以发现，家庭出身为"技术农业人员和渔业人员"[①] 群体的平均劳动生产率的提高最明显。这表明在改革开放初期，农民后代择业遇到了较大的阻碍，造成了较为严重的生产率损失。当职业选择楔子下降到最优配置（美国水平）时，它们的生产率涨幅高达137.14%～183.13%，即便是调节到2009年中国的情况，也能够增长43.29%～46.49%。由此可知，农村人口的人力资本是中国经济发展的巨大的动力源泉，对其更充分、有效地利用是未来中国经济可持续增长的源泉之一。

表1-5　单个群体的平均劳动生产率变化　　　　　　　　单位：%

职业	A		B	
	$\tau_{ij}=0$	$\delta_{ij}=1$	$\tau_{ij}=0$	$\delta_{ij}=1$
立法者、高级官员和管理者	-13.87	-4.65	-2.56	1.00
专业人才	-23.00	-10.79	-16.56	-14.28
技术和辅助专业人才	-2.05	12.39	36.22	41.69
办事员	-56.86	-51.66	-20.52	-18.13
服务人员、商店和市场销售人员	27.48	25.64	7.43	10.70
技术农业人员和渔业人员	183.13	137.14	43.29	46.49
工艺品及相关人员	20.51	23.92	24.72	23.19
工厂机器操作人员和装配人员	-6.15	4.25	17.07	23.23
初级职业	1.85	4.00	-1.98	4.14

注：职业分类对应的是ISCO88。相应英文对照为：立法者、高级官员和管理者（Legislators, senior officials and managers）；专业人才（Professionals）；技术和辅助专业人才（Technicians and associate professionals）；办事员（Clerks）；服务人员、商店和市场销售人员（Service workers and shop and market sales workers）；技术农业人员和渔业人员（Skilled agricultural and fishery workers）；工艺品及相关人员（Craft and related trades workers）；工厂机器操作人员和装配人员（Plant and machine operators and assemblers）；初级职业（Elementary occupations）。

---

① 准确地说，数据里将"农民"分类对应成"Skilled agricultural and fishery workers"（技术农业人员和渔业人员）。

　　与农民子弟的巨大进步相比，在一些群体中（如家庭背景为"专业人才"和"办事员"），劳动者的平均生产率明显下降，这是由于更多的农民子弟进入高生产率行业的挤出效应导致的。在反事实实验中，大量的农民后代可以更容易进入各种回报较高的职业，从而增加了这些职业的劳动力总供给量。使原在职人员面临更加激烈的竞争，同时也压低了这些职业的工资水平，迫使部分原在职人员离开这些高生产率行业。然而，鉴于大规模农民群体带来的生产率进步更加明显，最终总体生产率依然上升。简言之，在新均衡下，人力资本得到了更合理的配置。

　　本章进一步比较了中国省际间的异质性，评估了城镇化带来的影响，结果如表 1-6 所示。第一，鉴于农民是人口占比最大的群体，本章首先关注农民子弟的生产率变化。数据显示，农民的后代依旧能够获益。具体地，在将安徽的职业选择楔子降低到浙江水平的实验 C 中时，"农林牧渔、水利业生产人员"群体的平均劳动生产率能够提高 53.23%~67.41%，而将 2005 年的城镇化水平提高至 60% 的实验 D 中时，"农林牧渔、水利业生产人员"群体的平均劳动生产率能够提高 3.94%~4.87%。第二，除农民后代可从中获益之外，还有其他两个得益群体，家庭出身分别是"科学研究人员、工程技术人员和农业、飞船、卫生专业技术人员"和"经济、金融、法律业务人员，教学人员，文学艺术工作人员，体育、新闻、文化、宗教职业者，其他专业技术人员"。上述两个群体的主体是知识分子和技术人员。由此可知，受过教育的家庭后代也能从职业选择楔子变弱中获益，且受益程度并不低于普通的"农林牧渔、水利业生产人员"群体。

表 1-6　单个群体的平均劳动生产率变化　　　　单位：%

职业	C		D	
	$\tau_{ij}=0$	$\delta_{ij}=1$	$\tau_{ij}=0$	$\delta_{ij}=1$
国家机关、党群组织、企业、事业单位负责人	−12.50	−4.17	3.76	1.02
科学研究人员、工程技术人员和农业、飞船、卫生专业技术人员	60.54	46.45	7.59	7.51
经济、金融、法律业务人员，教学人员，文学艺术工作人员，体育、新闻、文化、宗教职业者，其他专业技术人员	81.25	57.25	8.05	5.26
办事人员和有关人员	−6.84	7.02	−0.48	0.11
商业、服务业人员	37.87	26.01	−0.30	0.19

续表

职业	C		D	
	$\tau_{ij}=0$	$\delta_{ij}=1$	$\tau_{ij}=0$	$\delta_{ij}=1$
农林牧渔、水利业生产人员	67.41	53.23	4.87	3.94
勘测及矿物开采人员，金属冶炼、化工产品生产人员，机械制造加工装配人员	−50.58	−33.05	1.01	0.85
机械设备修理人员，橡胶、纺织、裁剪、塑料制品生产人员，粮食、饮料、烟草生产加工人员，药品生产人员	−6.22	0.23	−0.95	−0.03
木材加工、建筑材料、玻璃陶瓷生产加工人员，广播影视制作、播放人员，印刷人员，文化教育、工程施工人员	4.86	8.73	0.10	0.33
运输设备操作人员，环境监测、检验、计量人员，其他生产运输设备操作有关人员	0.96	4.93	−2.19	−0.69

注：此处职业分类对应的是我国的国家标准的职业分类与代码。

（三）基准结果：代际间的收入流动性

代际间的收入流动性是微观经济学的一个重要研究话题，而代际间的职业流动性很显然会影响代际间的收入流动性，因此本部分充分利用本章的理论框架来分析代际间的收入流动性变动。鉴于本章的理论模型只关注职业选择，因此在计算代际收入流动性时，主要关注职业转移矩阵和职业平均工资，而不考虑职业内的收入分布。具体而言，采用父辈工资 W^1 和子辈工资 W^2 的相关系数作为衡量代际间收入流动性的指标。关于 W^1，可通过从数据中读取父辈的职业分布 $\pi^L = (\pi_1^L, \pi_2^L, \cdots, \pi_M^L)$ 和每个职业的平均工资 $\omega^1 = (\omega_1^1, \omega_2^1, \cdots, \omega_M^1)$ 来获得。在反事实实验中，求得新均衡的职业转移矩阵 P，同时计算新均衡下各职业的平均工资 $\omega^2 = (\omega_1^2, \omega_2^2, \cdots, \omega_M^2)$。基于以上的信息，计算父辈工资 W^1 和子辈工资 W^2 之间的相关系数：

$$corr(W^1, W^2) = \sum_{i=1}^{M} \sum_{j=1}^{M} \pi_i^L p_{ij}(\omega_i^1 - E[\omega_i^1])(\omega_j^2 - E[\omega_j^2]) \qquad (1-20)$$

代际间收入相关系数取值在−1 和+1 之间，值为 0 时意味着完全不相关，而值为 1 时意味着完全正相关。通过计算反事实实验前后的代际间收入相关系数差值，可以得知职业选择中的扭曲对代际间收入流动性的影响。

表 1-7 列出了在不同情境下代际间收入相关系数的变化值。表中数据显示，在反事实实验 A 中，代际间收入相关系数比实际值下降了 0.5126~0.5141。在中

国改革开放初期和 2009 年的比较（实验 B）中，代际间的收入相关性下降了 0.1126~0.1292，其下降幅度远远低于实验 A；在省际比较（实验 C）中，该系数下降了 0.2024~0.2085；在不同城镇化程度的比较（实验 D）中，代际收入相关性系数下降了 0.0103~0.0111。结合前文结论可知，高代际间职业流动性意味着高劳动生产率与低代际间收入流动性，且职业流动性越高，劳动生产率提升越大，代际间收入相关性下降越明显。由此可知，提高代际间的职业流动性可同时兼顾效率与公平。

表 1-7　代际收入相关系数的变化值

		(1) A	(2) B	(4) C	(5) D
$\Delta corr$	$\tau_{ij}=0$	-0.5126	-0.1292	-0.2024	-0.0111
	$\delta_{ij}=1$	-0.5141	-0.1126	-0.2085	-0.0103

（四）机制探讨：户籍制度的影响

表 1-8 展示了户籍制度影响分析的结果。列（1）和列（4）分别汇报了基准实验 A 和 B 的数值，作为对比的基础；列（2）和列（5）分别汇报了仅考虑户籍制度改革的情况即实验 E 和实验 F 的结果；列（3）和列（6）分别汇报了实验 A 与 E、实验 B 与 F 的差值。总结这两组定量分析的结果可以发现，户籍制度改革能够产生显著的影响。仅考虑这单一扭曲，就能够解释定量结果中所有扭曲总体效应的 1/3~1/2。这个结果充分论证了户籍制度改革的重要性。

表 1-8　定量分析结果（户籍制度的影响）　　　　单位：%

	(1) A	(2) E	(3) A-E	(4) B	(5) F	(6) B-F
$\tau_{ij}=0$	79.69	25.50	54.19	23.49	11.49	12.00
$\delta_{ij}=1$	73.18	30.47	42.17	29.34	15.50	13.84

（五）拓展分析：行业间相对生产率冲击

表 1-9 汇报了在行业间相对生产率发生变化时的跨国反事实实验（实验 G）结果。其中列（1）为实验 A 的结果，即"$\{\delta,\tau\}$ 效应"，作为对照；列（2）

是只有行业间相对生产率冲击作用时的结果，即" $\{A\}$ 效应"；列（3）是两者的交叉影响，即"交叉效应"；列（4）是总体效应。

表 1-9　拓展分析结果：行业间相对生产率冲击　　　　　单位：%

	（1）	（2）	（3）	（4）
	$\{\delta,\ \tau\}$ 效应	$\{A\}$ 效应	交叉效应	总体效应
$\tau_{ij}=0$	79.69	22.93	5.46	108.07
$\delta_{ij}=1$	73.18	17.24	6.74	97.16

首先，可以看出列（2）的数值并不大，原因是这里的冲击仅是行业间相对生产率。中国经济生产率在改革开放后产生了明显的提高，但是这些提高很大一部分由所有行业共同分享。在规模经济不变的假设下，这部分完全同质的生产率提高不会引起劳动力跨行业流动。其次，本章关注的焦点是列（3），这个数值体现了行业间相对生产率和职业选择壁垒的相互影响，也可以更进一步解读成行业间相对生产率" $\{\delta,\ \tau\}$ 效应"的变化程度。这种变化来源的不同会导致各行业相对重要性不同，而由于不同行业对应的" $\{\delta,\ \tau\}$ 效应"并不一致，因此权重的变化也会带来额外的交叉影响。结果显示，相比列（1）的" $\{\delta,\ \tau\}$ 效应"，交叉效应的影响非常小。类似地，盖庆恩等（2013）分析了贸易成本和劳动力市场的跨部门扭曲对中国劳动生产率的影响，发现仅消除劳动力市场扭曲或贸易成本，加总劳动生产率平均可以提高 20.51% 或 44.29%，而总体影响为 67.98%，也就是说交叉作用的强度仅为 3.18%。

（六）拓展分析："罗斯高难题"

表 1-10 汇报了考虑"罗斯高难题"后的跨国反事实实验结果，即实验 H。其中，列（1）依旧是实验 A 的结果，即" $\{\delta,\ \tau\}$ 效应"，作为对照；列（2）是纯粹" $\{\chi\}$ 效应"的结果；列（3）是两者的交叉影响；列（4）是总体影响。

表 1-10　拓展分析结果："罗斯高难题"　　　　　单位：%

	（1）	（2）	（3）	（4）
	$\{\delta,\ \tau\}$ 效应	$\{\chi\}$ 效应	交叉效应	总体效应
$\tau_{ij}=0$	79.69	−11.86	−18.35	49.48
$\delta_{ij}=1$	73.18	−13.53	−15.62	44.03

首先，列（2）的数值全部为负，且绝对值并不小，使得 GDP 的下降超过10%，即"罗斯高难题"本身会对经济发展有明显的负面作用。其次，本章重点关注列（3），即不同的"$\{\chi\}$ 效应"对"$\{\delta, \tau\}$ 效应"的影响。可以看到，即便是对于"$\{\delta, \tau\}$ 效应"本身来说，"交叉效应"也不容忽视。"$\{\delta, \tau\}$ 效应"主要是因为部分群体的天赋没有得到开发利用，因此如果去除那些限制因素使之得到充分利用的话，那么经济自然会得到发展。但如果这部分群体的天赋因为缺乏抚养而被破坏，那么即便移除那些限制因素，也无法推动经济发展。这个发现有重要的现实意义，"罗斯高难题"不仅会直接对经济发展造成严重的影响，而且会对经济发展的潜力产生巨大的破坏。罗斯高（2017）提出每个月拿出80 亿美元来做小学生的健康项目，这项投资幅度约等于 2019 年中国 GDP 的0.1%。如果这种健康项目真的能够起作用，那么投资的社会回报将会非常明显，是一项十分值得的投资。

七、本章小结

我国是一个快速发展的人口大国，其中最重要的一项生产要素是"人"。以人为本，这其中不仅包含保护人民权益之意，还包含充分开发劳动者生产潜力、释放天赋、推动经济进一步发展的含义。在中国不断推进供给侧结构性改革的今天，有效配置和使用人力资本是一个非常重要的研究选题。

本章基于跨国和中国跨省份数据提供了一个新的典型事实，即代际间的职业继承现象和劳动生产率呈显著的负相关关系，该相关关系在不同数据、不同口径、不同的统计方法下依然稳健。该典型事实的背后存在一个简单的经济学逻辑。如果劳动者在选择职业时面临种种障碍，则可能不得不放弃本来更有可为的职业，最后只能从家庭得到帮助，继承家庭内部的传统职业。这些职业选择中的扭曲一方面在个体层面导致了我们观测到的职业继承现象，另一方面也在宏观层面导致了人力资本在职业间的不合理配置和使用，降低了社会的生产效率。

为了定量分析这个逻辑，本章建立了一个多行业的异质性个体跨代职业选择模型。模型中增加了先天禀赋、后天积累的劳动技能等元素，从而能够充分反映个体在进行职业选择时面临的条件和限制。由此本章首先估计个体进行职业选择时所面临的职业选择楔子，并使模型在宏观层面上复制在数据中观测到的跨代间职业选择模式。在此基础上，本章进行了一系列数值模拟，来研究职业选择中的扭曲能在多大程度上影响生产效率。

研究表明：①职业选择中的扭曲对生产效率有巨大的影响，其能够用来解释国与国之间的生产率差距、不同时间点的生产率差距、省份与省份之间的生产率差距，也能够用来评估城镇化给中国带来的生产率提高。我们认识到，人力资本低效配置和使用，造成了严重的生产率损失，同时也说明中国未来有巨大潜力。②户籍制度改革能够显著降低扭曲程度，从而提高生产效率。③在不同的数值模拟中，释放农民子弟的人才禀赋始终占据重要的地位，是劳动生产率提高的主要源泉。在城镇化的反事实实验中，受过教育的农村家庭后代也能从中得益，其得益的水平高于普通的农民家庭。④"罗斯高难题"会对劳动生产率造成影响，也会进一步影响以后的经济发展。

本章结论有鲜明而深刻的政策含义：我国应当进一步深化和推进建设社会主义市场经济，加快进行户籍制度改革，进一步深化劳动力的市场化、规范化，快速推进城镇化。推动这些改革，不仅有社会公平进步、文明走向现代化的意义，同时也意味着人均产出的显著增加，为中国经济的发展提供源源不断的动力。

附录一 图表

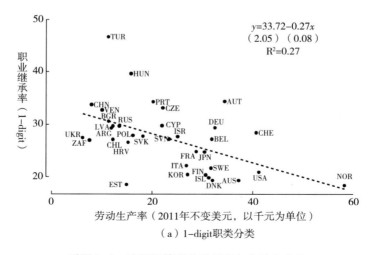

（a）1-digit职类分类

附图 1-1 跨国间的职业继承率与劳动生产率

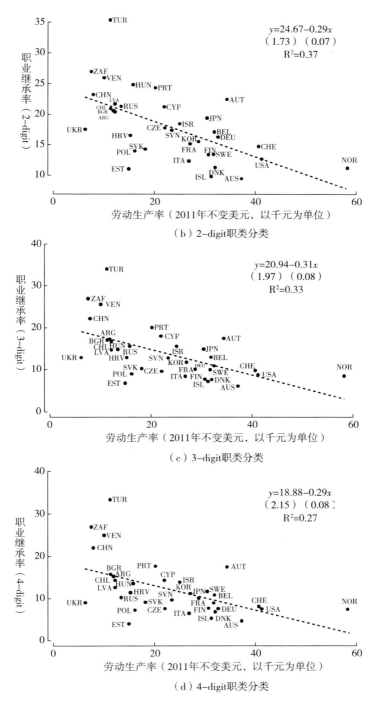

（b）2-digit职类分类

（c）3-digit职类分类

（d）4-digit职类分类

附图1-1 跨国间的职业继承率与劳动生产率（续）

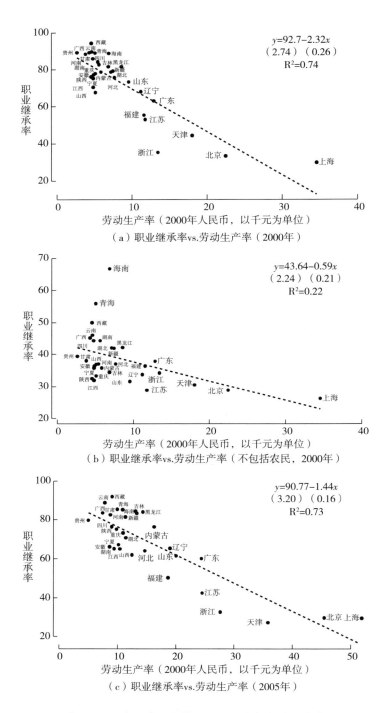

附图 1-2　中国省际间的职业继承率与劳动生产率

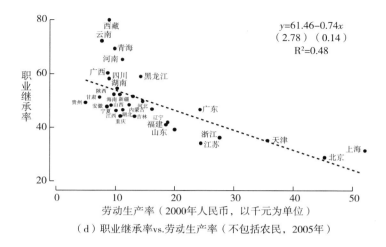

（d）职业继承率vs.劳动生产率（不包括农民，2005年）

附图1-2　中国省际间的职业继承率与劳动生产率（续）

附表1-1　稳健性检验回归（不包括农民）

职业继承率	1-digit	2-digit	3-digit	4-digit
劳动生产率	-0.25***	-0.24***	-0.26***	-0.25***
	(-3.39)	(-3.32)	(-3.26)	(-3.01)
观测值	36	36	36	36

附表1-2　抵抗特异值牵引的稳健回归

职业继承率	1-digit	2-digit	3-digit	4-digit
劳动生产率	-0.24***	-0.26***	-0.26***	-0.20***
	(-3.50)	(-4.16)	(-3.80)	(-3.01)
观测值	36	36	36	36

附录二　基准模型求解的完整过程

在本章第四部分的基础上，本附录提供完整的模型推导过程。

求解消费者效用最大化问题［式（1-4）］，可得下列方程：

$$e = \left[\delta_{ij} (1-\tau_{ij}) w_j \varepsilon_{ij} \eta s^{\phi_j} \right]^{1/(1-\eta)} \tag{1}$$

$$c = (1-\tau_{ij}) w_j \varepsilon_{ij} h_{ij} - e \tag{2}$$

$$s = 1 / \left[1 + (1-\eta)/\beta\phi_j \right] \tag{3}$$

在以上最优化结果的基础上，进一步可以求得消费者间接效用函数，然后计算 p_{ij}：

$$
\begin{aligned}
p_{ij} &= \text{prob}\left[U_{(\varepsilon,i)}(j) \geqslant U_{(\varepsilon,i)}(k), \quad \forall k \in J \mid i \right] \\
&= \text{prob}\left[\delta_{ij}(1-\tau_{ij}) w_j \varepsilon_j s_j^{\phi_j} (1-s_j)^{\frac{1-\eta}{\beta}} \geqslant \delta_{ik}(1-\tau_{ik}) w_k \varepsilon_k s_k^{\phi_k} (1-s_k)^{\frac{1-\eta}{\beta}}, \quad \forall k \in J \mid i \right] \\
&= \text{prob}\left(\Upsilon_{ij}\varepsilon_j \geqslant \Upsilon_{ik}\varepsilon_k, \quad \forall k \in J \mid i \right) \\
&= \text{prob}\left(\varepsilon_k \leqslant \frac{\Upsilon_{ij}}{\Upsilon_{ik}}\varepsilon_j, \quad \forall k \in J \mid i \right) \\
&= \int \frac{\partial \Lambda_i}{\partial \varepsilon_j} \Bigg|_{\left(\frac{\Upsilon_{ij}}{\Upsilon_{i1}}\varepsilon_j, \frac{\Upsilon_{ij}}{\Upsilon_{i2}}\varepsilon_j, \cdots, \frac{\Upsilon_{ij}}{\Upsilon_{iM}}\varepsilon_j \right)} d\varepsilon_j
\end{aligned}
$$

其中，Λ_i 为式（1-7）定义的先天禀赋的分布，而其中的 $\partial \Lambda_i / \partial \varepsilon_{ij}$ 是其对自变量第 j 维的求导，进而得到先天禀赋的条件概率密度函数：

$$\frac{\partial \Lambda_i}{\partial \varepsilon_{ij}} \Bigg|_{\left(\frac{\nu_{ij}}{\nu_{i1}}\varepsilon_{ij}, \frac{\nu_{ij}}{\nu_{i2}}\varepsilon_{ij}, \cdots, \frac{\nu_{ij}}{\nu_{iM}}\varepsilon_{ij} \right)} = \theta \overline{T}_{ij} \cdot \varepsilon_{ij}^{-\theta-1} \cdot \exp\left\{ -\left[\overline{T}_{ij}\varepsilon_{ij}^{-\theta} \right] \right\} \tag{4}$$

结合以上两式可得式：

$$
\begin{aligned}
p_{ij} &= \int \frac{\partial \Lambda_i}{\partial \varepsilon_j} \Bigg|_{\left(\frac{\Upsilon_{ij}}{\Upsilon_{i1}}\varepsilon_j, \frac{\Upsilon_{ij}}{\Upsilon_{i2}}\varepsilon_j, \cdots, \frac{\Upsilon_{ij}}{\Upsilon_{iM}}\varepsilon_j \right)} d\varepsilon_j \\
&= \int \theta \overline{T}_{ij} \cdot \varepsilon_j^{-\theta-1} \cdot \exp\left\{ -\left[\overline{T}_{ij}\varepsilon_j^{-\theta} \right] \right\} d\varepsilon_j \\
&= \frac{T_{ij}}{\overline{T}_{ij}} \int \exp\left\{ -\left[\overline{T}_{ij}\varepsilon_j^{-\theta} \right] \right\} d\left(\overline{T}_{ij}\varepsilon_j^{-\theta} \right) \\
&= \frac{T_{ij}}{\overline{T}_{ij}} = \frac{T_{ij}\Upsilon_{ij}^{\theta}}{\sum_k T_{ik}\Upsilon_{ik}^{\theta}}
\end{aligned}
$$

其中，$\overline{T}_{ij} \equiv \sum_k T_{ik}(\Upsilon_{ij}/\Upsilon_{ik})^{-\theta}$。

定义 $\psi_{ij} \equiv T_{ij}^{1/\theta}\Upsilon_{ij} = \delta_{ij} (1-\tau_{ij}) T_{ij}^{1/\theta} w_j s_j^{\phi_j} (1-s_j)^{(1-\eta)/\beta}$，则以上代际间职业转移概率可以表示为：

$$p_{ij} = \frac{\psi_{ij}^{\theta}}{\sum_k \psi_{ik}^{\theta}} \tag{5}$$

基于求解得到的职业转移矩阵，只需给定上一代的职业分布，便可得到下一代的职业分布，我们可以求解出下一代的职业分布：

$$\pi_j = \sum_i \pi_i^L p_{ij} \tag{6}$$

联立式（1-6）、式（1）、式（3）可以推导得到群体 i 中选择职业 j 的个体的平均有效劳动力：

$$E_i[h_{ij}\varepsilon_{ij} \mid j] = \delta_{ij}^{1/(1-\eta)}(1-\tau_{ij})^{\eta/(1-\eta)}(s_j^{\phi_j}\eta)^{1/(1-\eta)}w_j^{\eta/(1-\eta)}(T_{ij}/p_{ij})^{1/\theta(1-\eta)} \cdot$$
$$\Gamma(1-1/\theta(1-\eta)) \tag{7}$$

将式（6）代入式（7）进行整理，群体 i 中选择职业 j 的个体的平均有效劳动力也可表达为：

$$E_i[h_{ij}\varepsilon_{ij} \mid j] = \frac{1}{w_j(1-\tau_{ij})}\eta^{1/(1-\eta)}(1-s_j)^{-1/\beta}\left(\sum_k \psi_{ik}^\theta\right)^{1/\theta(1-\eta)} \cdot \Gamma(1-1/\theta(1-\eta)) \tag{8}$$

将式（7）代入式（1-8）得到第 j 个职业的总有效劳动力：

$$H_j = (\eta^\eta s_j^{\phi_j}w_j^\eta)^{1/(1-\eta)} \cdot \left\{\sum_i \left[\pi_i^L p_{ij}^{1-1/\theta(1-\eta)} \cdot T_{ij}^{1/\theta(1-\eta)} \cdot (\delta_{ij}(1-\tau_{ij})^\eta)^{1/(1-\eta)}\right]\right\} \cdot$$
$$\Gamma(1-1/\theta(1-\eta)) \tag{9}$$

定义 Φ_j：

$$\Phi_j \equiv (\eta^\eta s_j^{\phi_j})^{1/(1-\eta)} \cdot \left\{\sum_i \left[\pi_i^L p_{ij}^{1-1/\theta(1-\eta)} \cdot T_{ij}^{1/\theta(1-\eta)} \cdot (\delta_{ij}(1-\tau_{ij})^\eta)^{1/(1-\eta)}\right]\right\} \cdot$$
$$\Gamma(1-1/\theta(1-\eta)) \tag{10}$$

那么，式（10）可简化为：

$$H_j = \Phi_j \cdot w_j^{\eta/(1-\eta)} \tag{11}$$

根据厂商利润最大化问题［式（1-9）、式（1-10）］，求得每单位有效劳动力的工资如下：

$$w_j = Y^{1/\sigma}A_j^{(\sigma-1)/\sigma}H_j^{-1/\sigma} \tag{12}$$

为了简化符号，定义：

$$\zeta = 1 + \frac{1}{\sigma} \cdot \frac{\eta}{1-\eta} \tag{13}$$

联立式（1-10）、式（10）、式（12），并代入式（13），解得均衡时的职业工资 w_j 如下：

$$w_j = \Phi_j^{\frac{1-\zeta}{\zeta} \cdot \frac{1-\eta}{\eta}}A_j^{\frac{\sigma-1}{\sigma} \cdot \frac{1}{\zeta}}Y^{\frac{1}{\sigma\zeta}} \tag{14}$$

由此得到该经济体的总产出：

$$Y = \Big\{ \sum_j \big(A_j^{1 + \frac{\sigma-1}{\sigma} \cdot \frac{\eta}{1-\eta} \cdot \frac{1}{\zeta}} \Phi_j^{\frac{1}{\zeta}} \big)^{\frac{\sigma-1}{\sigma}} \Big\}^{\frac{\sigma}{\sigma-1} \cdot \frac{1}{1 - \eta/\sigma\zeta(1-\eta)}} \tag{15}$$

式（5）、式（10）、式（14）、式（15）构成了一个关于 $\{p_{ij},\ w_j,\ \Phi_j,\ Y\}$ 的方程组，解此方程组即可求解均衡。

附录三　参数选择和拓展分析中的部分推导

一、组内工资的分布

对于选择职业 j 的群体 i，其组内工资即为：

$$\varepsilon_{ij} h_{ij} w_j = \varepsilon_{ij} \cdot \delta_{ij} s^{\phi_j} e^\eta \cdot w_j$$
$$= \eta^{\eta/1-\eta} s_j^{\phi_j/1-\eta} \delta_{ij}^{1/1-\eta} (1 - \tau_{ij})^{\eta/1-\eta} w_j^{1/1-\eta} \cdot \varepsilon_{ij}^{1/1-\eta}$$

注意上式中只有 $\varepsilon_{ij}^{1/1-\eta}$ 是随机的，其他部分全是标量。而 $\varepsilon_{ij}^{1/1-\eta}$ 的分布如下：

$$G_{\xi_{ij}}(z) = prob\,(\varepsilon_{ij}^{1/1-\eta} \leqslant z_k,\ \forall k \in J \mid i) = \Lambda_i (z^{1-\eta}) = \exp \Big\{ - \Big[\sum_{k=1}^M (T_{ik} \cdot z_k^{-\theta(1-\eta)}) \Big] \Big\}$$

即为一个形状参数为 $\theta\,(1-\eta)$ 的 Frechet 分布。

二、$\widetilde{p}_{ij}$ 的推导

式（1-17）的详细推导如下：

$$\widetilde{p_{ij}} = \int \frac{\partial F_i}{\partial \varepsilon_{ij}} \Big|_{\big(\frac{Y_{ij}}{Y_{i1}} \varepsilon_{ij},\, \frac{Y_{ij}}{Y_{i2}} \varepsilon_{ij},\, \cdots,\, \frac{Y_{ij}}{Y_{iM}} \varepsilon_{ij} \big)} d\varepsilon_{ij}$$

$$= \int \theta T_{ij} (1 + \chi_{ij})^{-\theta} \cdot \varepsilon_{ij}^{-\theta-1} \cdot \exp \big\{ - [\widetilde{T_{ij}} \varepsilon_{ij}^{-\theta}] \big\} d\varepsilon_{ij}$$

$$= \frac{T_{ij} (1 + \chi_{ij})^{-\theta}}{\widetilde{T_{ij}}}$$

$$= \frac{T_{ij} (1 + \chi_{ij})^{-\theta} Y_{ij}^\theta}{\sum_k T_{ik} (1 + \chi_{ik})^{-\theta} Y_{ik}^\theta}$$

第二章　代际职业流动及其影响因素的性别差异

本章运用指标法和回归法对我国代际职业流动与继承状况的模式、影响因素和声望获得的性别差异进行实证研究，得出以下结论：①虽然我国总体上的代际职业继承性较强，但是两性代际职业流动模式存在差异，男性的平均继承性更高，女性的平均流动性更高，而且这种现象在各影响因素分层中普遍存在；②当父亲职业地位较低时，男性比女性更易摆脱其家庭背景；③城镇家庭背景、沿海地区、受教育程度、非农业户口性质、年龄段和婚姻状况均对子代代际流动和向上流动具有正向作用；④女性可以从上述前四种因素中获得比男性更大的有效作用，实现更大程度的代际流动和向上流动，但是年龄段和婚姻状况会抑制女性代际流动，并且结婚对女性向上流动有明显的反作用；⑤平均而言，女性能比男性取得更高的社会经济地位。本章的主要创新之处在于：①运用了中国 2005 年 1%全国人口抽样调查数据，数据量较大，研究结果更具普遍性；②综合运用两种方法对中国代际职业流动模式的性别差异进行详细比较和分析，方法论更完整、更具系统性；③结合中国社会特征，综合探究了其他影响因素对不同性别子代代际职业流动的差异化作用。本章的结论有助于理解在中国情境下，性别因素在代际间职业流动中的特定作用。

一、引言

李克强在 2013 年达沃斯论坛中提到："要促进就业的社会公平。我们要推进就业中的机会平等，这是社会公正的一个基础，具有起点的意义。"在互联网的大潮中，"二代"现象通过社交媒体的传播频繁出现在人们的视野中，"社会固化"等概念被反复讨论，代际间的关系逐渐成为人们关注的焦点（周兴、张鹏，2014；颜色，2016）。长辈所处的社会地位与阶层或所从事的职业是衡量一个家庭背景的重要指标，而这对下一代的影响很大程度上是通过职业选择体现出来的，因此研究代际职业流动应是研究代际间关系的重要组成成分，颇具现实意义。

在传统的"重男轻女"思维影响下，仍然有观点认为男人就应该承担传宗接代、赚钱养家的责任，女性在传统家庭中易被忽略。随着现代化的推进虽然这种现象逐渐减少，但是在我国广大地区尤其是在农村地区其仍然存在。因此，在现阶段的中国，讨论社会分层与职业流动时，性别是一个不可或缺的重要因素。由于社会经济的差异化发展和个人在社会经济地位上的异质性等，职业代际效应的性别差异还可能会受到子代年龄、城乡家庭、沿海或内陆地区、受教育程度、户口性质和婚姻状况等因素的影响，这些多样的因素使这个问题变得更加复杂。

为了探究以上问题，本章将使用具有代表性的大样本数据，综合运用指标法和回归法对研究问题提供新颖且全面的实证分析，发现虽然我国有普遍的职业继承现象，但是性别区别依旧存在，且男性的继承性更高，女性的流动性更高；父代职业阶层、年龄段、城镇家庭背景、沿海或内陆地区、子代受教育程度、户口性质、婚姻状况等因素对两性也会产生不同程度乃至不同方向上的影响。本章的研究为性别差异在职业代际效应中的作用和影响提供了较为完整的分析。

二、文献综述与理论框架

本部分首先对国内外关于代际职业流动的相关研究进行了概括性描述，介绍各国或地区存在的不同程度的代际间职业继承现象，其在我国尤为明显。其次，对父代职业影响子代职业选择的途径进行总结和梳理。再次，论述当前我国国情的特殊性及其对代际间职业流动模式的影响。最后，围绕性别因素概述我国关于代际职业流动性别差异的相关研究，并指出本章研究的创新和贡献。

（一）国内外代际职业流动的相关研究

自20世纪50年代以来，西方许多社会学家和经济学家就开始通过对数据进行实证分析来探讨父母与子女职业之间的关系。Benjamin（1958）最早利用英格兰和威尔士的人口普查数据研究了职业的代际流动状况，统计描述了13类职业中父亲与儿子的数量分布，结果表明位于社会地位两端的职业代际继承性比较高，如父亲从事较高层次的管理工作或从事体力劳动，其儿子相对多数地也会继承该职业。De Jocas 和 Rocher（1957）基于加拿大魁北克省统计局的相关数据，引入代际职业继承性和流动性指数等指标研究发现，该省整体代际继承性比较高。Blau 和 Duncan（1967）通过对美国人口调查局的相关数据进行分析，指出在美国子承父业的比例较高，而代际职业的流动表现为趋于向上和短距离的特征。DeJong 等（1971）等利用美国研究中心的数据，根据职业的收入和受教育程度的中位数对其进行排序，继而引入继承性和流动性指数等指标分析父亲职业对女儿职业的影响，并将其研究结果与 Blau 和 Duncan（1967）关于男性代际职业的研究结果进行对比。他们认为，女性代际职业的流动特点与男性的基本相似；在职业的等级结构中，层次越高的职业，其代际职业向上或向下的流动性都很大；相邻职业之间的流动性较大。

近些年，Scoppa（2009）研究了意大利公共部门的代际职业流动状况，认为公共部门竞争压力小，缺乏监管机制，这一优势使很多人偏爱并较容易通过"裙带关系"得到这份工作。Kwiek（2015）分析了在欧洲教育扩张的情况下，欧洲的教育、职业在代际之间的流动状况。整体来说，白领职业在代际之间的传承度很高，为50%~70%，而对于高层次职业来讲，其代际传承度更高。此外，在对某个国家或地区研究的基础上，国外的学者也对代际职业流动的特点进行了国别的比较，如 Long 和 Ferrie（2013）对美国和英国的代际职业流动性进行了对比。

综合国外研究来看，所研究国家或地区都存在着不同程度的代际职业传承现象。同时，在借鉴和参考他们的理论与方法的基础上，国内的一些学者在对我国代际职业流动的分析中也获取了一些有意义的、符合我国国情的结论。

王春光（2003）建立代际职业转移矩阵后分析发现，尽管中国社会的职业流动有了很大程度的提高，但是仍然存在优势职业被优势群体长期占据，而弱势群体却难以摆脱弱势职业的现象，从而产生社会不平等。郭丛斌和丁小浩（2004）利用国家统计局2000年全国范围内城镇住户调查数据，引入代际职业的流动性指数、继承性指数以及流动距离和流动方向等指标研究发现，受过高等教育的子女的择业情况受其父母职业的影响相对较小。孙凤（2006）在郭丛斌和丁小浩（2004）分析数据的基础上，引入对数线性模型分析中国城镇职业流动的代际效应，证明了中国城镇职业间的流动性不大，存在明显的职业代际传递效应，且对于不同的职业都有明显的子承父业特征。刘非菲和梁岩（2014）CGSS2006 年的数据，运用二维列联表的方法证明我国居民代际职业流动整体上仍然呈现较封闭状态，子承父业趋势十分明显。

（二）父代职业对子代职业选择的影响途径

代际职业流动是指在对社会中各职业类型进行划分的基础上，子代职业与父代职业之间的联系，包括代际职业继承、代际职业向上流动、代际职业向下流动等模式。那么子代职业是如何和父代职业联系起来的呢？家庭背景对个人职业选择和发展具有重要作用已被很多研究者证明，而父代职业又是家庭背景的重要决定因素之一，因此也不难理解为何其会对子代职业选择产生重大影响。

在具体的影响途径上，Blau 和 Duncan（1967）将影响职业选择的因素归纳为人力资本和社会资本两个方面，这也成为了之后文献的基本分类模式。接下来，本章以父代收入水平与受教育程度①为出发点，以子代人力资本和社会资本为中介，对父代职业影响子代职业的渠道进行总结和梳理。

1. "人力资本"理论

美国经济学家西奥多·W. 舒尔茨（1990）将"人力资本"界定为：存在于每一个体之中，通过投资开发所形成的具有社会经济价值的知识、技能和健康等质量因素的总和。基于文献，我们将人力资本分成工作能力和生物健康状况这两大类，其中工作能力主要包括基本的专业技能、社会交往等综合能力，以及格局、视野等企业家精神范畴的高级技能，而生物健康状况包括个人身体的基本特征如智力、身高，也包括狭义上的生理和精神的健康。

（1）父代职业影响子代工作能力。父代职业通过影响子代工作能力来影响其职业选择，很大程度上是通过子代教育这一中间变量实现的。教育投资是人力资本形成的主要影响因素，能提高劳动者的知识和技能水平，提高其生产能力，进而使其在职业选择上更具优势。正如 Blau 和 Duncan（1967）所述，在现代工业社会中，影响个人职业获得的主要是"后致性因素"，即强调教育在职业获得中的作用。在具体的实现方式上，父代职业能够通过改变教育投资能力、时间和效率直接影响子代的教育投资，也能通过影响子代对教育的偏好和观念间接影响子代教育。

---

① 后文中会提到，职业阶层划分使用的社会经济地位指数（Duncan，1961）在社会学研究中被广泛使用，其计算方法为直接使用职业的收入和受教育程度进行加权求和。

第一，父母的收入水平与其对子女的教育投资能力呈正相关关系。父母职业阶层越高，收入水平越高，能为孩子提供更好的学习和居住环境，有能力增加与子女教育相关的各种投资，最终可能提高子女的受教育程度。Plug 和 Vijverberg（2005）在克服基因因素后，对比了来自同一家庭的亲生孩子与被收养孩子的受教育程度与该家庭收入之间的关系，发现家庭收入对被收养孩子与亲生孩子的正向影响不存在显著差异。

第二，父母的受教育程度与其对子女的教育投资时间和效率密切相关。职业阶层越高的父母往往受教育程度越高，从态度和行为上越看重对子女的教育。Guryan 等（2008）对 14 个国家的样本进行研究后发现，受教育程度不同的父母对子女的时间投入及其效率不同，受教育程度较高的父母陪护子女的时间更多，沟通更有效，而这些陪护与沟通对子女未来获得教育机会具有重要的意义。

第三，职业阶层越高的父母重视教育的态度和行为也会对子女对于教育的偏好和观念产生影响。Kirchsteiger 和 Sebald（2010）的实证研究表明，受教育程度高的父母不仅更注重教育投资，而且把重视教育的理念传递给后代，从而形成了家族各代都重视教育的传统，最终实现教育的代际传递。

（2）父代职业影响子代生物健康状况。个人健康状况会影响其职业选择，典型的例子是智力：智力水平在先天和婴幼儿时期即形成，而后天因素决定个人的受教育程度和工作。父代职业对子代生物健康状况的影响机制主要表现为：

第一，父母的收入水平与其对子女的健康投资能力呈正相关关系。父代职业的收入水平越高，在营养、健康投资等方面的预算约束越宽松。健康经济学和健康服务研究的大量文献证实了收入的健康效应。

第二，父母的受教育程度与子女健康状况密切相关。高职业阶层人群通常具有更好的健康行为，如注重自身保健投入、减少吸烟行为等，而父母自身的健康状况又会通过基因遗传对子女的健康状况产生影响。除此之外，父母对子女健康状况的影响也体现在健康投资效率上。Currie 和 Moretti（2003）运用美国的数据研究指出，受教育水平高的母亲获取妇幼保健信息的能力更强，从而能够形成更为完善的营养补充和健康投资计划。

第三，职业阶层越高的父母重视健康的态度和行为同样可以潜移默化地或者教导式地影响下一代，通过塑造子女个人生活习惯和态度来间接地影响其健康状况。

2. "社会资本" 理论

依据 Lin 和 Bian（1991）的 "社会资本" 概念，本章将 "社会资本" 界定为：广泛存在于个人社会网络关系中，并能够被行动者投资和利用的以便实现自身目标的社会资源。以家庭单位为范畴，社会资本表现为以社会经济地位为基础的等级划分，处于不同社会阶层的个体拥有不同数量的价值资源和相对权威，这也意味着其拥有不同存量和不同广度的社会资本。

按照 Granovetter（1977）的观点，求职者在就业过程中实际使用的社会资本被划分为强关系和弱关系两类。Lin 等（1981）研究发现，在西方国家，求职者更多地使用弱关系实现工作匹配。Bian（1997）研究发现，在东亚地区，强关系的力量更强，它直接影响职位的获得。边燕杰等（2012）的研究进一步表明，强关系往往带来人情资源，弱关系往往带来信息资源。我们将这两个重要的解释维度总结为网络信息论和网络人情论。

（1）网络信息论。根据边燕杰（2004）的研究，当父代从事较高端职业时，其阶级阶层地位优势将转化为社会网络和社会资本优势，这显然能够在信息获取上对其提供较大帮助，更多地为其传递有用的就业信息和机会，从而为子女提供更加广阔的选择机会和更加充分的判断条件。

（2）网络人情论。社会资源不同的个体能对关键资源分配者产生不同程度的影响。位于较高职业阶层的父代地位高、权势大、财富多或者更容易与同等甚至更高阶层雇主建立较强联系，雇主为此会对被推荐人产生人情偏好（Rees，1966），从而影响职业分配，即人情机制，也就是我们常说的 "攀关系" "走后门" 或 "裙带关系"。

（三）区域发展问题

由于地域、历史、文化等众多因素，中国存在一些不可避免的社会问题，包括 "顶职" 旧制遗留、城乡二元结构、区域发展不平衡等问题。这些问题其实都可以在前面的讨论中归类，但是在研究中国劳动力市场代际职业流动与继承时，基于其重要性和独特性在此做单独讨论。

1. 城乡二元结构

在我国长期的城乡二元经济结构下，城乡家庭在收入、财富、父母受教育程度、观念等方面均存在显著差异，结合前文可知，这些因素会综合体现在子代职业选择中，从而产生代际职业流动的城乡差异。吴晓刚（2007）利用 1996 年 "当代中国生活史和社会变迁" 调查数据进行研究，结果显示农村人口由于户籍制度表现出较高的职业继承性，而城市样本则显示出较高的代际职业流动性，且男性择业对他们父亲职业的依赖性在农村比在城市更大。周兴和张鹏（2014）利用 CGSS 数据进行实证分析，认为农村家庭子女实现职业向上流动存在明显的"天花板效应"。

2. 区域发展不平衡

区域非均衡发展是我国经济的基本特征之一。随着经济的迅速发展，沿海和内陆地区、各省份之间均存在较为明显的差距，主要表现在工业化水平、教育发展水平、经济建设水平、基础设施建设水平等方面。区域发展的不平衡最终会在个人职业选择上体现出来，从而对代际职业流动状况产生一定的影响。

（四）代际职业流动性别差异的相关研究

除了父代职业、城乡家庭、户口性质、不同区域，还有很多其他的外在因素会对代际职业流动产生影响。性别差异是中国劳动力市场中不可忽略的基本特征之一，基于性别因素是本章的核心切入点，我们在此做单独讨论。

国内研究中，郭凡（1995）首次关注代际流动的性别差异，他基于对广州抽样调查中人们对自我和父母主观评价的资料发现，男性在代际流动中有获得地位升迁的更多机会，但在声望和整体地位方面，性别对于代际流动的影响不明显。在讨论职业流动与性别差异时，大多研究将职业流动分为代内与代际，并得出了一些有关职业代际效应与性别的关系的结论。例如，宋丽君和林聚任（2003）利用 2001 年实施的"城乡夫妇职业生涯调查"数据研究发现，无论是代际职业流动还是代内职业流动，女性在其职业生涯中的向上流动率低，成就也相对低于男性。陈芳（2008）使用第二次中国妇女社会地位调查中涉及江苏省居民职业流动的数据材料进行研究，结果表明女性的代际职业继承率高于男性，上升流动率低于男性。黄晓波（2010）以广西为个案，发现在代际流动方向上，男性相对于父辈向上流动的比例要高于女性。吕姝仪和赵忠（2015）使用 1991~2009 年 CHNS 数据研究了高校扩招政策对不同性别大学毕业生代际职业流动的差异影响，认为高校扩招对男性大学毕业生的代际职业流动性有更显著的促进作用。

总结现有文献发现，我国关于职业代际转移性别差异的研究甚少，其研究来源大多是职业流动话题中的衍生话题，没有太多展开性、专门性和深入性的研究；用的数据大多是局部样本；研究方法较为单一；研究广度和深度都比较欠缺。

本章旨在完善关于国内代际职业流动的性别差异的相关研究。一是运用我国

2005 年 1% 全国人口抽样调查数据，数据量较大，研究结果更具普遍性；二是综合运用指标法和回归法对中国代际职业流动模式的性别差异进行详细比较和分析，方法论更完整、更具系统性；三是结合中国社会特征，探究其他影响因素对不同性别子代代际职业流动的差异化作用。

本章其余部分结构安排如下：第三部分对研究中所采用的数据情况与数据处理方法进行介绍。第四部分详细地介绍了两类研究方法与测量指标：一是指标法，通过引入多项测量指标来衡量子代相对于父代的代际职业流动模式；二是回归法，利用多类别对数比率模型来探究代际间职业流动影响因素及其性别差异。第五部分进行详细的实证分析，分别对代际职业流动模式、影响因素和声望获得的性别差异进行数据分析并得出结论。第六部分是小结，总结全章并提出研究结论为我们带来的启示。

三、数据说明

本章选取我国 2005 年 1% 全国人口抽样调查数据为实证分析的研究对象，此次调查以全国为总体，以各省份为次总体，采取分层、多阶段、整群概率比例的抽样方法。本章所用原始数据样本量为 258.55 万条。

根据本章的研究内容与目的，对原数据进行了如下处理：

（一）样本配对与筛选

为了形成父亲与子女的有效样本配对，本章参考李力行和周广肃（2014）的处理方式，依据被调查者与户主之间的关系，采用四种配对方式形成子女与父亲的配对样本：①男性户主及其子女；②女性户主的配偶及其子女；③户主及其父亲；④户主配偶及其岳父或公公。此外，选取子女年龄大于或等于 15 岁且父亲至少比子女年龄大 16 岁的样本。筛选后，有 88450 个男性观测值，42567 个女性观测值，总观测值为 13017 个。

（二）职业分类

2005 年的全国人口普查使用的职业分类是 GB/T 6565-1999《中华人民共和国国家标准职业分类与代码》，我们根据该标准将所有的职业划分为六大职业类型，并参考李春玲（2005）对社会经济地位指数的排序和陆学艺（2002）中对职业阶层的排序，对各职业类型从高到低进行排序。这六个职业类型或职业阶层从高到低依次为：①高级管理者（国家机关、党群组织、企业、事业单位负责人）；②专业技术人员；③办事人员（办事人员和有关人员）；④商业服务人员（商业、服务业工作人员及个体工商户）；⑤工人（生产、运输设备操作人员及有关人员）；⑥务农人员（农林牧渔、水利业生产人员）。以上，依次被赋值为1、2、3、4、5、6。

四、研究方法与测量指标

（一）指标法

1. 代际职业转移矩阵

要考量父代与子代两个维度择业之间的关系，需要建立代际职业转移矩阵来分析。假设存在 n 种职业类型，根据调查数据，本章建立从父代 i 职业到子代 j 职业的代际职业转移矩阵，表示为：

$$A_{ij} = (a_{ij})_{n \times n}$$

其中，a_{ij} 是父代从事 i 职业类型、子女从事 j 职业类型的频率。当 $i=j$ 时，表示子女继承了父亲的职业；当 $i \neq j$ 时，则表示子女的职业实现了流动。

2. 代际职业的流动性指数和继承性指数

郭丛斌和丁小浩（2004）、周兴和张鹏（2014）都采用了 Blau 和 Duncan（1967）的方法，用代际职业的流动性指数、继承性指数以及流动距离和流动方向等指标来描述代际职业的特征。在本章中，我们以这种做法为基础，并对指标进行了完善。

继承性指数测度的是代际职业的继承性水平，流动性指数测度的是代际职业的流动性水平。代际职业的继承性指数越大，职业继承在代际之间就越稳定，其代际之间的流动性就越小，职业的代际效应所造成的劳动力市场分割就越严重；反之，流动性指数越大，职业继承在代际之间就越不稳定，其代际之间的流动性越强，职业的代际效应引起的劳动力市场分割就有所削弱。

如果父代所从事的职业类型与子代所从事的职业类型彼此独立，则该独立假设下的理论期望值为：

$$\frac{\sum\limits_{i}^{n} a_{ij} \sum\limits_{j}^{n} a_{ij}}{\sum\limits_{i}^{r} a \sum\limits_{j}^{n} a_{ij} \sum\limits_{i}^{n} a \sum\limits_{j}^{n} a_{ij}} \tag{2-1}$$

另外，频数分布的实际观察值为：

$$\frac{a_{ij}}{\sum\limits_{i}^{n} \sum\limits_{j}^{n} a_{ij}} \tag{2-2}$$

我们用式（2-2）与式（2-2）之比定义代际职业流动性指数和继承性指数，计算公式如下：

$$b_{ij} = \frac{a_{ij}}{\sum\limits_{i}^{n} \sum\limits_{j}^{n} a_{ij}} \Bigg/ \frac{\sum\limits_{i}^{n} a_{ij} \sum\limits_{j}^{n} a_{ij}}{\sum\limits_{i}^{n} \sum\limits_{j}^{n} a_{ij} \sum\limits_{i}^{n} \sum\limits_{j}^{n} a_{ij}} = a_{ij} \frac{\sum\limits_{i}^{n} \sum\limits_{j}^{n} a_{ij}}{\sum\limits_{i}^{n} a_{ij} \sum\limits_{j}^{n} a_{ij}}$$

当 $i=j$ 时，b_{ij} 表示继承性指数；当 $i \neq j$ 时，b_{ij} 表示流动性指数。

若 $b_{ij}>1$，则父代职业为 i、子代职业类型为 j 的实际观察频数大于理论期望频数，说明父代职业为 i 的子代进入 j 职业的概率较大，且 b_{ij} 取值越大，可能性就越大；反之，若 $b_{ij}<1$，则父代职业为 i、子代职业类型为 j 的实际观察频数小于理论期望频数，说明父代职业为 i 的子代进入 j 职业的概率较小，且 b_{ij} 取值越小，可能性就越小。

由于男女职业分布之间本身存在着差异，只有在这些指标的背后数据具有相同分布、相同边际即消除了差异的情况下，流动性或继承性指数以及由此衍生出的其他指数才是可互相比较的。鉴于此，在进行指数比较时要对它们进行标准化，即要考虑各个指数背后的职业分布，方法是在计算平均值时对其进行加权。

平均继承性指数和平均流动性指数的计算公式分别为：

$$\overline{b}_{i=j} = \frac{\sum\limits_{i=j} b_{ij} \times a_{ij}}{\sum\limits_{i=j} a_{ij}}$$

$$\overline{b}_{i \neq j} = \frac{\sum\limits_{i \neq j} b_{ij} \times a_{ij}}{\sum\limits_{i \neq j} a_{ij}}$$

3. 代际职业的流入指数与流出指数

在流动性和继承性指数的基础上，还可以计算出代际职业的流入指数和流出指数。代际职业流入指数的计算公式为：

$$c_j = \frac{\sum_{i,\ i \neq j} b_{ij} \times a_{ij}}{\sum_{i,\ i \neq j} a_{ij}}$$

它衡量了父代不从事 j 职业类型时，子代从事第 j 种职业的可能性，也就是说，它反映了某一职业对父代并非此职业的子代的开放性水平。某一职业的代际流入指数越小，此职业的代际流动性就越小，出身于其他职业家庭的子代进入此职业受到的阻碍就越多；反之，若该职业的流入指数大，则说明它的开放性程度高，父代不是该职业的子代同样有较大的概率进入这一领域。

类似地，代际职业流出指数的计算公式为：

$$d_i = \frac{\sum_{j,\ j \neq i} b_{ij} \times a_{ij}}{\sum_{j,\ j \neq i} a_{ij}}$$

它衡量了父代从事 i 职业类型时，子代不从事 i 职业而进入其他职业的可能性。某一职业的流出指数越大，说明此职业的代际流动性就越强，父代是此职业的子代进入其他职业的可能性就越大。

4. 代际职业的流动方向指数

除了继承父代的职业，子代可能会从事比父代更好的职业，也有可能从事比父母更差的职业。因此，职业的代际流动可以根据方向简单地分为三种类别：向上流动、向下流动和不流动（继承）。对代际职业流动方向进行衡量的指标为向上、向下流动方向指数，计算方法分别为：

$$e_u = \frac{\sum_{i>j} b_{ij} \times a_{ij}}{\sum_{i>j} a_{ij}}$$

$$e_d = \frac{\sum_{i<j} b_{ij} \times a_{ij}}{\sum_{i<j} a_{ij}}$$

5. 社会经济地位指数

结合社会分层研究理论，本章用各职业社会经济地位指数来衡量男性与女性职业地位获得的差异。社会经济地位指数是由 Duncan（1961）设计的一种根据每一个职业的收入和受教育水平估计得到的声望得分，可以用来代表人们的社会地位。受限于声望数据的可获得性，在这里假设男女在声望评价与获得上没有显著差别，即他们的赋值规则一样。

李春玲（2005）通过比较发现，161 种职业的社会经济地位指数的排列顺序与 81 种职业声望分数的高低排序大体上是一致的。通过社会经济地位指数计算回归公式，他们不仅计算出了 161 种职业的社会经济地位指数，而且获得了调查样本中每一个被调查者的社会经济地位指数得分，以此作为每一个人的社会地位指数，由此可以推算各社会阶层的平均社会经济地位指数，表 2-1 第 2 列和第 5 列分别列出了十大阶层的平均社会经济地位指数得分和排序。结合本章原始数据使用的 GB/T 6565-1999 的职业分类标准（见表 2-1 第 6 列），将十大阶层划分入六大职业类别，并一一对应计算得出平均社会经济地位指数（见表 2-1 第 8 列）。

表 2-1　社会阶层的平均社会经济地位指数

十大阶层	样本数	平均社会经济地位指数	标准差	社会经济地位指数排序	GB/T 6565-1999 职业分类标准	六大职业类别	平均社会经济地位指数	阶层排序
国家与社会管理者	39	82.55	5.32	1	国家机关、党群组织、企业、事业单位负责人	高级管理者	**77.14 = (39×82.55+65×73.9)/(39+65)**	1
经理人员	65	73.90	6.01	2				
私营企业主	61	71.44	5.66	4				
专业技术人员	183	73.02	6.50	3	专业技术人员	专业技术人员	**73.02**	2
办事人员	313	64.40	6.71	5	办事人员和有关人员	办事人员	**64.40**	3
个体工商户	589	56.72	3.56	6				
商业服务业员工	550	53.88	7.04	7	商业、服务业人员	商业服务业人员	**55.35**	4
产业工人	580	52.45	4.77	8	生产、运输设备操作人员及有关人员	工人	**52.45**	5
农业劳动者	2330	46.55	1.39	10	农、林、牧、渔、水利业生产人员	务农人员	**46.55**	6
城乡无业失业半失业者	301	48.49	0.81	9				
合计	5011	51.76	9.39	—				

我们获取了各职业阶层的社会地位打分 f_j 后，将计算社会经济地位指数期望来对父辈职业对子辈职业的影响进行衡量与比较，因为职业的社会经济地位比简单地将职业分成六大阶层进行比较更具有社会实际意义、更具有合理性。

社会经济地位指数期望表示父亲在 i 职业下，其子女获得的职业社会经济地位指数的期望值，该期望值越高表示子女平均获得的社会经济地位越高，计算公式如下：

$$\overline{f}_j = \sum_{j=1}^{n} f_j \frac{a_{ij}}{\sum\limits_{j} a_{ij}}$$

6. 代际职业的流动距离指数

通过获得各个职业阶层的社会经济地位指数，可以完善衡量代际流动距离长短的指标，即代际流动距离指数。以往研究都是用父子代职业阶层数目的变化来直接表示流动距离，但是相邻两个职业阶层在声望上的表现并不是呈等差数列的，在此我们用上述得到的平均社会经济地位指数代替职业阶层数来代表各个职业阶层的地位，从而更准确地表示出职业阶层之间的距离。

代际流动距离指数越大，子女所从事的职业与父母所从事的职业距离就越远，其差距就越大；反之，则距离越近，其差距也就越小。将流动方向与流动距离相结合，代际流动距离指数又可以细分为向上代际流动距离指数和向下代际流动距离指数。

总体代际流动距离指数的计算公式为：

$$g = \frac{\sum\limits_{i \neq j} b_{ij} |f_i - f_j| \times a_{ij}}{\sum\limits_{i \neq j} a_{ij}}$$

向上代际流动距离指数为：

$$g_u = \frac{\sum\limits_{i > j} b_{ij} |f_j - f_i| \times a_{ij}}{\sum\limits_{i > j} a_{ij}}$$

向下代际流动距离指数为：

$$g_d = \frac{\sum\limits_{i < j} b_{ij} |f_i - f_j| \times a_{ij}}{\sum\limits_{i < j} a_{ij}}$$

（二）多类别对数比率模型

指标法是对代际职业流动进行分析的有力手段，但是只是对流动模式的报告，当我们把其他有可能影响这一模式的因素考虑进来时，运用多类别对数比率模型是比较合适的。

多类别对数比率模型是对简单二分类的 Logit 模型回归的扩展，不过自变量各个取值之间没有高低之分，而是选择一个结果作为参照，其他结果对此参照结果进行比较，并对这些比较结果同时进行二元 Logit 回归。该模型由于可以比较这些因素对职业流动各组之间的差异，因此可以得出更有意义的结论。

通过转换概率消除值域限制的问题，即将概率作为解释变量，其取值不一定保证概率满足 0~1 的取值范围。Logit 转换由两步实现：首先，将概率转换为概率比（odds）；其次，两边取对数，计算对数概率，如下：

$$\eta_{ii} = \log \frac{\pi_{ij}}{\pi_{iJ}} = \alpha_j + x'_i \beta_j$$

其中，α_j 为常数，β_j 为回归系数的向量，π_{ij} 为个体 i 取值 $Y=j$ 的概率。该式对于 $j=1$，2，3，$\cdots$，$J-1$ 均成立，由此得到 $J-1$ 个方程，将类别 1，2，$\cdots$，$J-1$ 的各类与类别 J 进行对比。当概率在 0~1 变动时，η_{ij} 的值域为 $\pm\infty$，去除范围限制，并将其变换建模为协变量的线性函数。

通过变换，还可以化为以下形式，表示个体 i 发生 j 事件的概率：

$$\pi_{ij} = \frac{\exp\{\eta_{ij}\}}{\sum_{k=1}^{J} \exp\{\eta_{ik}\}}$$

为了估计上式，设定 Y 中某个组为基准组，如 $Y=m$，将基准组的参数向量 $\alpha_m + x'_i \beta_m$ 设定为 0，这样可以表示为：

$$\pi_{ij} = \frac{\exp\{\eta_{ij}\}}{1 + \sum_{k \neq m}^{J} \exp\{\eta_{ik}\}}$$

$$\pi_{in} = \frac{1}{1 + \sum_{k \neq m}^{J} \exp\{\eta_{ik}\}}$$

因此，随机变量 $Y=j$ 与基准组 $Y=m$ 的对数概率比为：

$$\ln\left(\frac{\pi_{ij}}{\pi_{im}}\right) = \eta_{ij} = \alpha_j + x'_i \beta_j$$

用最大似然估计方法估计回归系数，然后将原估计系数指数化，表示自变量增加一个单位后给选择一个结果类别的概率与选择基准类别的概率的比率带来的改变。该比率又称相对风险比。

五、实 证 分 析

（一）代际职业流动模式的性别差异

通过对父代职业与子代职业转移矩阵的分析，我们可以了解到，在人们的代际流动程度与方向上存在着怎样的性别差异。我们主要运用指标法，通过计算标准化后各指数的平均数，将测量指标转化为较为直观、简单的多项二元数值。

表 2-2 和表 2-3 呈现的是 2005 年中国代际职业流动性和继承性指数。对角线上的值为代际职业的继承性指数（黑色加粗字体），非对角线上的值为代际职业的流动性指数。可以看到，所有职业的代际继承性指数均显著大于 1，分别是每一行和每一列的最大值，说明六个职业阶层的家庭中，子女仍从事与父亲同类职业的频数要大于父子职业相互独立假设下的理论期望值，这反映了整个社会的各种职业阶层都存在显著的代际职业传承现象，而流动性则相对较小。其中，无论是男性还是女性，其在务农人员上的流动性指数和流入、流出指数很低并小于 1，说明务农人员这一阶层的流动性很低，呈较为封闭的状态，即父代是务农人员的子女较难摆脱这一阶层，而出身其他家庭的子女也较少进入这一阶层。另外，高级管理者阶层的流出性是最大的，办事人员阶层的流入性是最大的。

表 2-2　2005 年男性的代际职业流动性和继承性指数

儿子的职业 父代的职业	高级 管理者	专业技术 人员	办事人员	商业服务 人员	工人	务农人员	流入指数
高级管理者	**24.61**	2.33	4.93	2.17	1.31	0.17	2.02
专业技术人员	1.61	**11.24**	2.12	0.97	0.66	0.23	0.77
办事人员	2.91	2.88	**10.52**	2.13	1.46	0.11	1.82
商业服务人员	1.69	1.26	2.04	**4.75**	1.41	0.21	1.19
工人	1.25	0.89	1.87	1.60	**2.82**	0.21	1.07
务农人员	0.32	0.29	0.32	0.52	0.68	**1.29**	0.60
流入指数	1.20	1.06	1.75	1.03	0.83	0.20	

表 2-3 2005 年女性的代际职业流动性和继承性指数

父代的职业 ＼ 女儿的职业	高级管理者	专业技术人员	办事人员	商业服务人员	工人	务农人员	流入指数
高级管理者	**24.26**	4.18	4.75	1.47	0.84	0.16	2.65
专业技术人员	2.26	**7.39**	2.59	0.86	0.61	0.20	0.91
办事人员	3.02	3.57	**10.19**	1.76	0.90	0.08	2.17
商业服务人员	1.06	1.67	1.93	**3.38**	1.29	0.19	1.22
工人	0.70	1.26	1.64	1.96	**2.35**	0.27	1.35
务农人员	0.24	0.24	0.19	0.52	0.72	**1.35**	0.61
流入指数	1.29	1.79	1.99	1.19	0.81	0.23	

结合各职业分布加权计算他们的平均指数，如表 2-4 所示。可以发现，男性继承其父代职业的可能性更大（2.097：1.963），而无论是在方向上还是在距离上，女性在代际职业中的总体流动性都更大，其中平均向上、向下流动性指数和平均向上流动距离指数均大于男性。不过，男性的平均向下流动距离指数更大，这意味着虽然男性的向下流动性小于女性，但是其儿子有更大概率流向更低阶层，距离父亲职业阶层更远，跨度更大。

表 2-4 两性代际职业流动相关平均指数

性别	平均继承性指数	平均流动性指数	平均向上流动性指数	平均向下流动性指数	平均流动距离指数	平均向上流动距离指数	平均向下流动距离指数
男	2.097	0.888	0.811	1.067	7.720	6.432	10.719
女	1.963	1.076	1.057	1.125	8.610	8.438	9.043

将代际职业流动模式及其性别差异的结论总结如下：

第一，各职业阶层都有显著的高代际职业继承性和低流动性。

第二，流入、流出性最低的都是务农人员阶层，流出性最高的是高级管理者阶层，流入性最高的是办事人员阶层。

第三，男性相比于女性的代际职业继承性更大，流动性更小。

第四，男性相比于女性的平均向下流动距离指数更大，其有更大概率流向比父亲更低的职业。

为进一步分析职业的代际效应造成的劳动力市场分割，我们将表 2-1 中的六种职业根据技术难易程度、所需受教育程度分成Ⅰ、Ⅱ和Ⅲ三类职业。其中，高级管理者和专业技术人员合并划为Ⅰ类职业，办事人员列为Ⅱ类职业，而商业服务人员、工人和务农人员划归为Ⅲ类职业。

表2-5和表2-6分别是三元劳动力市场下男性和女性的代际职业流动性和继承性指数。可以看出，中国代际效应造成的劳动力市场分割较为严重。三类职业劳动力市场内部的代际流动性指数均大于1，Ⅰ类职业和Ⅱ类职业之间的流动相对而言也比较顺畅，但是Ⅲ类职业与Ⅰ类、Ⅱ类职业之间的代际流动指数性均小于1，劳动力市场壁垒较为严重。

表2-5　男性的代际职业流动性和继承性指数（三元劳动力市场）

父代的职业＼儿子的职业	Ⅰ类职业	Ⅱ类职业	Ⅲ类职业
Ⅰ类职业	**8. 79**	2. 83	0. 47
Ⅱ类职业	2. 88	**10. 52**	0. 64
Ⅲ类职业	0. 44	0. 64	**1. 04**

表2-6　女性的代际职业流动性和继承性指数（三元劳动力市场）

父代的职业＼女儿的职业	Ⅰ类职业	Ⅱ类职业	Ⅲ类职业
Ⅰ类职业	**6. 59**	3. 20	0. 42
Ⅱ类职业	3. 54	**10. 19**	0. 51
Ⅲ类职业	0. 51	0. 55	**1. 06**

（二）代际职业流动影响因素的性别差异

通过以上对不同性别的代际职业流动情况的分析，我们对父亲职业与儿子、女儿职业之间关系的差异有了初步的认识。然而，除了实际数据给我们提供的父子辈代际职业效应在子代性别上表现的差异化模式，我们还想了解这一职业流动的形成机制，即哪些因素会影响代际职业的继承或流动、影响程度有多大、在不同因素的影响下性别差异的模式是否发生变化，以及这些因素对不同性别子代的影响有何差别。

1. 代际职业流动方向的影响因素分析

以六大职业类型排序为基础，将代际职业流动划分为三种类型：如果孩子职业阶层比父亲更高，则为代际职业向上流动；如果父亲和孩子职业保持相同，则意味着代际职业继承；如果孩子职业阶层比父亲低，则为代际职业向下流动。以代际职业流动作为多分类被解释变量时，使用多类别对数比率模型，模型中使用没有流动作为参照类，将向上流动和向下流动分别与之进行对比。模型的主要变量及其解释如表2-7所示，回归结果如表2-8所示，模型1在全样本下只加入了性别变量，模型2在模型1的基础上加入了其他控制变量，用来研究在控制了其他可能影响代际职业流动的因素的情况下儿子和女儿的差异化模式是否有所改变。模型3和模型4是把样本按照子代性别进行拆分，分别套用多类别对数比率模型得到的参数，以子代性别作为样本分类依据的分样本模型，用来研究不同因素对不同性别子代的差异化影响，其中模型3是子代为男性的样本模型，模型4是子代为女性的样本模型。表2-9则在表2-8的基础上进一步给出了各变量对于代际职业流动的预测概率分布，更加清楚地显示各类别中代际职业流动的概率分布。

表 2-7　变量描述

变量	说明
代际职业流动	向上流动=1，继承=0，向下流动=−1
性别	男=1，女=0
父代职业类别	高级管理者=1，专业技术人员=2，办事人员=3，商业服务人员=4，工人=5，务农人员=6
年龄段	15~24岁=1，25~34岁=2，35岁及以上=3
城乡家庭	城镇家庭=1，农村家庭=0
沿海与内陆地区	沿海地区=1，内陆地区=0
受教育程度[①]	小学及以下=1，初中=2，高中=3，大专及以上=4（大学专科、大学本科、研究生及以上）
户口性质	非农业=1，农业=0
婚姻状况	已婚=1，未婚=0

---

① 在此我们控制子代受教育程度这一影响因素，控制父代受教育程度这一影响渠道的回归结果见附录二。

表 2-8　代际职业流动方向的影响因素分析

影响因素	（1）只加入性别变量		（2）全样本模型		（3）男性样本模型		（4）女性样本模型	
	向上流动	向下流动	向上流动	向下流动	向上流动	向下流动	向上流动	向下流动
性别	0.803*** (−8.13)	0.864*** (−5.30)	0.798*** (−8.25)	0.992 (−0.21)				
父代职业阶层			2.086*** (24.89)	0.329*** (−22.13)	2.157*** (23.52)	0.324*** (−24.34)	2.055*** (16.94)	0.336*** (−17.36)
年龄段2			1.089*** (2.93)	0.858*** (−2.89)	1.109*** (3.28)	0.892* (−1.95)	0.984 (−0.32)	0.786*** (−2.82)
年龄段3			1.010 (0.17)	0.874 (−1.47)	0.982 (−0.30)	0.917 (−0.90)	1.071 (0.56)	0.853 (−0.76)
城乡家庭			2.246*** (20.94)	1.525*** (7.40)	2.109*** (19.58)	1.727*** (7.61)	2.568*** (15.19)	1.456*** (4.42)
沿海与内陆地区			1.791*** (7.33)	1.793*** (5.68)	1.756*** (7.09)	1.760*** (5.82)	1.893*** (6.87)	1.852*** (4.88)
受教育程度2			1.895*** (14.04)	1.560*** (4.07)	1.797*** (12.29)	1.548*** (3.68)	2.048*** (11.24)	1.604*** (3.67)
受教育程度3			3.686*** (22.14)	1.460*** (3.06)	3.092*** (18.34)	1.615*** (3.60)	5.085*** (19.79)	1.238 (1.31)
受教育程度4			9.446*** (35.90)	0.626*** (−2.96)	8.419*** (28.96)	0.628*** (−2.74)	11.498*** (25.21)	0.646** (−2.26)
户口性质			2.457*** (21.10)	1.129 (1.51)	2.349*** (16.84)	1.143* (1.68)	2.695*** (15.07)	1.102 (0.84)
婚姻状况			1.054* (1.76)	1.096** (1.99)	1.121*** (3.65)	1.048 (0.86)	0.825*** (−2.91)	1.250** (2.52)
_cons	0.362*** (−21.02)	0.144*** (−41.17)	0.001*** (−40.19)	9.226*** (5.96)	0.0004*** (−36.34)	9.106*** (6.35)	0.001*** (−27.24)	9.338*** (5.02)

注：括号内的数值为估计系数的 t 值，＊、＊＊和＊＊＊分别表示在 10%、5% 和 1% 的水平上显著，_cons 为常数项。年龄段的参考项：15~24 岁；受教育程度的参考项：小学及以下。

表 2-9　代际职业流动的预测概率分布

影响因素	分组	全样本模型			男性样本模型			女性样本模型		
		向上流动	继承	向下流动	向上流动	继承	向下流动	向上流动	继承	向下流动
性别	男性	0.177	0.783	0.040						
	女性	0.212	0.750	0.038						

续表

影响因素	分组	全样本模型			男性样本模型			女性样本模型		
		向上流动	继承	向下流动	向上流动	继承	向下流动	向上流动	继承	向下流动
年龄段	15~24 岁	0.183	0.775	0.042	0.171	0.791	0.038	0.208	0.744	0.048
	25~34 岁	0.198	0.767	0.035	0.187	0.779	0.033	0.208	0.754	0.038
	35 岁及以上	0.186	0.778	0.036	0.169	0.796	0.035	0.221	0.738	0.040
城乡家庭	城镇	0.286	0.666	0.047	0.265	0.689	0.046	0.333	0.621	0.049
	农村	0.155	0.809	0.035	0.149	0.819	0.032	0.164	0.793	0.043
地理位置	沿海	0.243	0.706	0.051	0.230	0.723	0.047	0.269	0.673	0.058
	内陆	0.156	0.812	0.032	0.149	0.821	0.030	0.168	0.795	0.037
受教育程度	1	0.107	0.861	0.032	0.107	0.865	0.028	0.109	0.853	0.038
	2	0.182	0.773	0.044	0.175	0.785	0.040	0.196	0.750	0.054
	3	0.303	0.661	0.036	0.267	0.697	0.037	0.380	0.587	0.033
	4	0.535	0.454	0.010	0.505	0.485	0.010	0.587	0.401	0.012
户口性质	非农业	0.338	0.626	0.035	0.315	0.651	0.034	0.383	0.579	0.038
	农业	0.173	0.788	0.039	0.165	0.799	0.036	0.188	0.766	0.046
婚姻状况	已婚	0.193	0.766	0.041	0.187	0.777	0.036	0.181	0.763	0.056
	未婚	0.186	0.776	0.038	0.170	0.794	0.036	0.214	0.742	0.044

只加入性别变量时，系数均显著小于 1，男性向上和向下流动相比于继承的比率分别是女性的 0.803 倍和 0.864 倍，这与前面指标法的结论保持一致，即男性继承性更高，女性流动性更高。

在加入了其他控制变量后的全样本模型中，男性向上流动相比于没有发生流动的比率是女性的 0.798 倍，通过了显著性检验。这说明性别对代际职业的流动是有显著影响的，验证了在控制相关因素后，女性的代际向上流动率显著高于男性，但是在该模型中向下流动没有通过显著性检验。

在比较代际职业流动影响因素的性别差异时，有以下发现：

（1）父代职业阶层。全样本模型中，父代职业阶层的估计系数在代际职业向上流动中大于 1，在向下流动中小于 1，并且都显著地异于零。这说明父代职业阶层变量的值越大，父代的职业阶层越低，子女实现向上流动的概率越大，向下流动的概率越小（相对于继承父代的职业而言）。该结论的内涵在于：父代的职业阶层越低，子代实现向上流动的空间越大；反之，父代处于高阶层时子女向下流动的空间比较大。分性别来看，父代职业每下降一个阶层，男性向上流动相对于不流动的比率为 2.157，大于女性向上流动相对于不流动的比率（2.055），而向下流动的估计系数是男性小于女性（分别是 0.324 和 0.336）。由此反映了父代职业阶层对不同性别子女职业阶层流动的不同影响：在控制了其他变量的条件下，与继承相比，来自父代职业阶层越高家庭的男性有比女性更大的概率向下流动，来自父代职业阶层越低的家庭的男性有比女性更大的概率向上流动。

（2）年龄段。从 15~24 岁的年龄段到 25~34 岁的年龄段，子女向上流动相对于不流动的风险比上升 8.9%，向下流动相对于不流动的风险比下降 14.2%，两者都通过了 1% 的显著性检验。也就是说，年龄越大，向上流动比继承的可能性更大，而向下流动的可能性更小。然而，在女性样本里，年龄对向上流动的抑制作用不再显著，对向下流动的抑制作用仍然显著，相对风险比之差高达 21.4%，而对于男性来说，向上流动和向下流动相对于不流动的风险比分别上升 10.9% 和下降 10.8%。另外，第三个年龄段（35 岁及以上）的系数均不显著。

比较男女两个分样本模型的预测概率分布可得到：一是 15~24 岁和 25~34 岁的群体中均是男性继承父亲职业的概率大于女性，女性向上流动的概率大于男性；二是年龄从 15~24 岁到 25~34 岁，每上升一单位对男性来说表现为降低其继承父亲职业和提高其流向高于父亲职业的概率，但是对女性来说继承父亲职业的概率反而提高 1 个百分点。

（3）城乡家庭。城镇家庭的孩子发生向上流动和向下流动相比于没有发生流动的概率均大于农村家庭，比率分别是 2.246 和 1.625。由此可见，来自城镇家庭的子代的职业流动性更大，更易脱离父亲职业阶层，社会开放性更高，且无论男女均符合。

比较模型 2 和模型 3 可发现：一是城乡家庭中均是男性继承性更大，女性流动性更大；二是从农村到城镇，对于男性和女性来说继承父辈职业的概率分别降低了 13 个和 17.2 个百分点，向上流动的概率分别提高了 11.6 个和 16.9 个百分点，向下流动的概率分别提高了 1.4 个和 0.6 个百分点。虽然城镇家庭的孩子相对于农村家庭的孩子流向比父亲更高或更低的职业阶层的可能性要高一些，但是城镇女性比城镇男性在职业流动中的优势更加明显：向上流动的概率要高一些，向下流动的概率要低一些（相对于农村子女而言）。

（4）沿海与内陆地区。无论是全样本、男性样本还是女性样本，沿海地区与内陆地区关于向上或向下流动相比于继承的比率均显著大于 1，即在沿海地区更倾向于职业流动，在内陆地区更倾向于继承父辈职业。

比较男女两个分样本模型的预测概率分布可得到：其一，沿海与内陆地区均满足男性继承父亲职业的概率大于女性，女性向上、向下流动的概率大于男性；其二，从内陆地区到沿海地区，对于男性和女性来说继承父辈职业的概率分别降低了 9.8 个和 12.2 个百分点，向上流动的概率分别提高了 8.1 个和 10.1 个百分点，向下流动的概率分别提高 1.7 个和 2.1 个百分点，女性向上和向下流动概率的提高均高于男性。

（5）受教育程度。当子代的受教育程度从小学及以下分别升至初中、高中、大专及以上时，其向上流动相比于继承的比率依次提高，也就是说，相比于未上过学的群体而言，随着更高一级学历的获得，个体实现向上流动比不流动的可能性要更大。受教育程度是初中、高中的孩子向下流动相比于不流动的风险比均大于 1，只有读了大专及以上的子女的向下流动率才得到了明显控制。由此可见，对于两性来说，教育对于个人摆脱父辈阶层而获得职业晋升或者避免流向比父代更低职业阶层有重要作用。

通过比较模型 2 与模型 3 我们发现：①不同受教育程度的人群中，男性继承其父亲职业的概率大于女性，女性流向高于和低于父辈职业的概率均大于男性；②不同的受教育程度对男女职业流动的影响存在差别，女性接受更高程度的教育可以更显著地减小其职业继承的概率，增加其职业向上流动的机会。例如，接受高等教育（大专及以上）使男性和女性的职业继承概率分别降低了 38 个和 45.2 个百分点，职业向上流动的概率分别提高了 39.8 个和 47.8 个百分点。通过对比其他变量对职业代际流动的影响程度发现，大专及以上和高中这两类受教育程度对提高向上流动和抑制职业继承的贡献率分列第一、第二位。

（6）户口性质。户口是非农业的个体实现向上流动相比于继承的概率是农业户口个体的 2.457 倍，女性样本中该估计系数为 2.695，男性样本中该估计系数为 2.349；无论男女都是非农户口子代向上流动率更高，农业户口子代继承率更高。

比较男女两个分样本模型的预测概率分布可得到：①两类户口性质的人群中均是男性继承父亲职业的概率大于女性，流向父代不同职业的概率低于女性；②非农户口使男性和女性实现向上流动的概率分别提高了 15 个和 19.5 个百分点，继承的概率分别降低了 14.8 个和 18.7 个百分点，向下流动分别降低了 0.2 个和 0.8 个百分点。也就是说，非农户口对女性实现向上流动的促进作用和继承的抑制作用更大。

（7）婚姻状况。在全样本模型中，结婚会增大向上或向下流动相比于继承的机会，两者均通过 10% 的显著性检验。分性别来看可发现，已婚男性发生向上流动相对于继承其父代职业的比率是未婚男性的 1.121 倍，而已婚女性发生向上流动相对于继承其父代职业的比率是未婚女性的 0.825 倍，即男性已婚时向上流动性更大，未婚时继承性更大，而女性则相反。同样地，婚姻状况对向下流动相对于继承的影响，男性没有通过显著性检验，但是已婚女性职业向下流动相对于继承其父代职业的比率是未婚女性的 1.250 倍，通过了 5% 的显著性检验，即结婚对女性的代际职业向下流动有显著的正向影响。

比较男女两个分样本模型的预测概率分布可得到：①已婚、未婚人群中均是男性继承父代职业的概率大于女性，未婚女性向上流动率高于未婚男性，但是已婚女性比已婚男性向上流动的概率要小一些；②结婚对男性来说表现为降低其继承父代职业和提高其流向高于父代职业的概率，但是对女性来说却恰恰相反，即结婚使女性继承父代职业的概率提高 2.1 个百分点，向上流动的概率减少 3.3 个百分点。

2. 代际职业流动距离的影响因素分析

由前文可知，更新后的代际职业流动距离等于子女职业类别的平均社会经济地位指数与父代职业类别的平均社会经济地位指数的差，流动距离为正意味着子代流向高于父代职业阶层的职业，流动距离增加意味着子代向上流动的增加或者向下流动的减少。为了更完整地分析代际职业流动的去向，以此作为被解释变量，用 OLS 模型进行回归，作为对流动去向的一般性补充说明，结果如表 2-10 所示。

表 2-10　代际职业流动距离的影响因素分析

影响因素	（1）只加入性别变量	（2）全样本模型	（3）男性样本模型	（4）女性样本模型
性别	−0.301*** (−5.406)	−0.377*** (−7.244)		
父代职业阶层		3.337*** (26.60)	3.306*** (27.57)	3.412*** (22.66)
年龄段 2		0.0950* (1.760)	0.0627 (1.051)	0.109 (1.082)
年龄段 3		0.0729 (0.748)	−0.0284 (−0.268)	0.368 (1.453)

影响因素	（1）只加入性别变量	（2）全样本模型	（3）男性样本模型	（4）女性样本模型
城乡家庭		1.223***	1.110***	1.428***
		(11.62)	(10.32)	(10.26)
沿海与内陆地区		0.659***	0.679***	0.642***
		(5.345)	(5.421)	(4.436)
受教育程度2		0.598***	0.511***	0.726***
		(6.836)	(5.421)	(7.450)
受教育程度3		2.598***	2.008***	3.811***
		(17.01)	(13.08)	(16.94)
受教育程度4		7.874***	7.166***	8.953***
		(28.00)	(21.79)	(24.71)
户口性质		1.956***	1.811***	2.116***
		(11.83)	(10.27)	(9.183)
婚姻状况		0.152***	0.256***	−0.239*
		(2.841)	(4.807)	(−1.898)
_cons	1.032***	−18.92***	−18.96***	−19.62***
	(16.66)	(−24.12)	(−24.87)	(−21.31)

注：括号内的数值为估计系数的 t 值，*、**和***分别表示在 10%、5%和 1%的水平上显著，_cons 为常数项。年龄段的参考项：15~24 岁；受教育程度的参考项：小学及以下。

在只加入性别变量时，男性的职业流动距离比女性小 0.301，并通过了 1% 的显著性检验，说明男性向上流动距离比女性小 0.301 或者男性向下流动距离比女性大 0.301。全样本中，父亲职业阶层下降一单位（父亲职业阶层变量增加一单位），子女的职业流动距离增加 3.337（向上流动距离增加 3.337 或者向下流动距离减少 3.337）。分性别来看，父亲职业阶层下降一单位，男性职业流动距离的增加小于女性（分别为 3.306 和 3.412）。城镇家庭的孩子比农村家庭的孩子职业流动距离要大，其中城镇女性比城镇男性在职业流动距离中的优势更加明显（分别为 1.110 和 1.428，且是相对于农村子女而言）。从内陆到沿海地区，男性职业流动距离的增加大于女性（分别为 0.679 和 0.642），说明男性向上流动距离的增加或向下流动距离的减少大于女性。受教育程度的提高和非农户口的获得都会增加孩子职业代际流动距离，其中对促进女性增加向上流动距离的作用比男性更大。婚姻状况从未婚向已婚转变使男性职业流动距离增加 0.256，使女性职业流动距离减小 0.239，这意味着结婚对女性增加向上流动距离存在抑制作用。

（三）代际职业流动影响下声望获得的性别差异

本章首先讨论的是两性在发生代际职业流动时是否存在差异以及根据可能的影响因素进行分层后的变化。在此基础上，我们再进一步探讨父亲同属一个职业阶层的情况下，两性的声望获得是否存在差异，并且同样以年龄段、城乡家庭、沿海与内陆地区为依据进行划分比较。基于社会分层理论，我们引入社会经济地位指数，得到如表 2-11 所示的结果。

表 2-11　社会经济地位指数期望的获得差异

六大职业类别		高级管理者	专业技术人员	办事人员	商业服务人员	工人	务农人员	总体	相对百分比（%）
整体	男	60.10	64.26	58.95	55.11	53.77	48.44	50.62	1.60
	女	63.04	65.09	61.97	56.59	54.92	48.58	51.50	2.30
15~24 岁（80 后）	男	58.26	64.38	58.81	54.92	53.49	48.26	50.47	1.30
	女	62.11	64.83	61.46	56.23	54.53	48.52	51.13	2.30
25~34 岁（70 后）	男	61.81	63.96	59.57	55.54	54.36	48.69	51.04	1.80
	女	65.38	65.59	63.23	57.88	57.07	48.93	53.29	2.60
城镇家庭	男	60.67	63.62	59.78	55.89	54.72	49.92	53.78	1.40
	女	64.22	65.08	62.88	57.83	56.57	50.35	55.73	3.40
农村家庭	男	59.06	64.69	55.71	53.48	52.60	48.12	49.36	1.60
	女	60.01	65.09	56.57	53.48	52.68	48.19	49.53	1.80
沿海地区	男	59.85	62.32	58.43	55.33	54.02	49.15	51.64	1.90
	女	62.88	63.44	61.12	56.71	55.08	49.21	52.54	2.70
内陆地区	男	60.40	65.37	59.61	54.83	53.44	48.08	49.97	1.40
	女	63.32	66.21	63.32	56.41	54.68	48.20	50.70	2.00

先看整体样本下声望获得的性别差异：①在父亲从事同一职业时，女性的社会经济地位指数期望比男性高，并且总体而言女性相对其父亲社会经济地位指数增加的百分比更大；②子女地位获得期望的排序相比于父亲的社会经济地位排序发生了一点改变，社会经济地位指数最高的高级管理者阶层子女的期望指数排在了第二位，第一位是专业技术人员家庭出身的孩子，其他阶层顺序保持不变。这与我们对来自知识型家庭背景的子女能获得的社会经济地位更高的一般认识是相

符的，专业技术人员多从事专业技术性较强的工作，其对知识性和经验性要求较高，而积累了一定知识与经验的父亲倾向于选择自身具备的人力资本、社会资本对子女进行投资，可见这种投资带来的正效应甚至比高级管理者的家庭背景更有效。

按年龄段、城乡家庭和沿海与内陆地区分层后的样本声望获得的性别差异模式与全样本下基本保持一致：所有子样本的各职业阶层都满足女性的社会经济地位指数期望更大，并且总体而言女性相对于其父亲社会经济地位指数增加的百分比比男性更大。

总的来说，通过实证分析，可以得出以下四个结论：

第一，六类职业在男女中均表现出强烈的父辈职业继承性，而整个社会代际之间职业流动性则相对较小。务农人员阶层的流动性和流入、流出性最小，呈较为封闭的状态。父代属于高级管理者类别而子女从事其他职业的流出性最大，父代不属于办事人员类别而子女从事该职业的流入性最大。另外，Ⅰ、Ⅱ类职业与Ⅲ类职业之间的职业流动壁垒较大。

第二，两性的代际职业流动模式存在差异。男性的平均代际职业继承性更大，女性的平均代际职业流动性在方向和距离上都更优、更大。在年龄段、城乡家庭、沿海与内陆地区、受教育程度、户口性质这五个变量的各概率分布中均满足男性继承父亲职业的概率更大，女性流向不同于父亲职业的概率更大。只有婚姻状况的分层表现不同：已婚女性比已婚男性向上流动的概率小。

第三，父代职业阶层、年龄段、城乡家庭、沿海与内陆地区、受教育程度、户口性质和婚姻状况等变量都对代际职业流动与继承产生不同程度的影响，并对不同性别子代表现出不同的影响。

父亲分别处于高、低职业地位时，子代实现向下流动和向上流动的空间都比较大，这说明社会中代际流动的渠道是相对畅通的。父亲职业地位越低，儿子比女儿有更大的概率向上流动、更小的概率向下流动，同时女性流动距离增加更大。

年龄从15~24岁到25~34岁上升一单位会增加子代代际流动的概率，并且子代代际向上流动的概率增加，向下流动的概率减小，但是对女性来说却是降低了代际流动的概率，且对向上流动的作用不显著。

无论男女，城镇家庭子代的代际职业流动性和流动距离比农村家庭大，开放性更高。相比于男性，女性拥有城镇家庭背景会获得更大的向上流动促进作用，其向下流动概率的增加也更小一些，同时女性流动距离的增加更大。

在沿海地区更倾向于职业流动，在内陆地区更倾向于继承父代职业。从内陆地区到沿海地区，女性继承父辈职业的概率的减小和向上流动、向下流动的概率的增大均大于男性，同时男性流动距离的增加更大。

教育对代际职业向上流动的促进作用和继承的抑制作用最大，特别是接受高等教育可以使子代获得晋升的概率更大，向 Ⅰ 或 Ⅱ 类职业类别流动，而向下流动的概率只有在大专及以上的受教育程度才明显减弱，并且教育对女性向上流动的促进作用以及向下流动或继承的抑制作用都比男性更大，同时女性流动距离的增加更大。

无论男女，非农业户口子代的代际流动率、向上流动率和流动距离更大，农业户口子代继承率更高，并且非农业户口对代际职业向上流动的促进作用对女性而言更大，同时女性流动距离的增加更大。

总样本下结婚是会增大子代的代际流动、向上流动和流动距离增加的可能性，但是对不同性别子代的影响却表现为不同的方向：对于男性来说结婚会增加代际向上流动和降低继承父代职业的机会，增大流动距离；而对于女性来说，结婚会降低代际向上流动和增加继承父代职业的机会，减小流动距离。

第四，综合来看，全样本和父代各职业类别下女性在社会经济地位获得上表现得都比男性更好，相对于其父代社会经济地位指数增加的百分比更大，其中，来自务农家庭的两性社会经济地位指数十分接近。城镇家庭的孩子在社会经济地位获得上表现得比农村家庭的孩子更好，农村家庭子女在职业获得上差距很小，且"70后"高于"80后"，沿海地区高于内陆地区。另外，孩子在父代是专业技术人员时平均获得的社会经济地位最高，可见知识型家庭氛围对子女获得社会经济地位的促进作用更大。

六、本章小结

本章重点关注我国家庭代际职业流动状况在性别上的差异，采用2005年1%全国人口抽样调查数据，引入代际职业的流动性和继承性指数、代际职业流入和流出指数、代际职业流动方向和距离指数等指标，并借用社会经济地位指数对代际职业流动距离指数这一指标进行了完善。首先，为了方便比较代际职业流动模式在性别上的差异，通过计算标准化后各指数的平均值，将测量指标转化为较为直观、简单的多项二元数值。其次，基于三类职业分类进一步分析职业的代际效应造成的劳动力市场分割。最后，通过建立多类别对数比率模型控制其他变量来验证这一模式，进一步探究不同影响因素对不同性别子代代际职业流动的差异化作用。

通过计算两性代际职业平均继承性指数和平均流动性指数，发现代际职业流动模式确实存在着性别差异：男性的平均继承性更大，女性的平均流动性更大。社会对两性的性别建构差异可以在父代职业类别、年龄段、城乡家庭、沿海与内陆地区、受教育程度、户口性质和婚姻状况等因素上显现出来，因此本章在对上述因素进行控制的基础上分析两性的代际职业流动时发现，差异仍然存在。实证结果显示女性相比于男性在职业地位获得上更具优势，高代际职业继承性反而可能成为男性职业地位获得的一种束缚。

另外，以上相关因素对两性的代际职业流动也会产生不同程度的影响。虽然男性整体继承其父代职业的概率大，但是对来自Ⅲ职业类别家庭的子代来说，男性似乎比女性在劳动力市场中的竞争力更强，对父辈高阶层职业的依赖性更弱。

我们将各种外在因素对样本整体带来的影响被称作整体作用，其中分样本能从中获得的对自身的实际影响被称作有效作用。城镇家庭背景、沿海地区、受教育程度的提高、非农业户口性质、年龄段的增加和已婚这六种因素均会增大子代代际流动相比于继承的概率，都对子代向上流动有促进作用，即对子代代际流动和向上流动具有正的整体优势。分性别来看，上述前四种外在因素对男女职业流动和向上流动的有效作用方向相同即均为正，且对女性代际流动和向上流动的促进作用均比男性更大，可见女性代际流动和向上流动可以从上述前四种外在因素中获得比男性更大的有效作用。然而，年龄段和婚姻状况的有效作用在两性中表现出相反的方向：年龄段的增加和结婚反而减少了女性代际流动的机会，即女性代际流动从年龄段或婚姻状况中获得的有效作用均是负的，并且已婚女性代际向上流动受到明显限制。这原因可能在于中国传统观念下婚姻便意味着家庭，家庭多呈现"男主外女主内"的性别架构，即男性多承担赚钱养家的责任，而女性多以"家庭主妇"的身份存在，女性往往因为要照顾家庭而无法投入太多精力再追求更高更好的职业，甚至为了家庭放弃自己的工作。除了年龄段的影响不显著和沿海地区（相对于内陆地区而言）男性流动距离的增加比女性大以外，流动距离影响因素的性别差异与上述情形类似。对这些影响因素的分析有助于我们更加全面地理解代际职业流动的性别差异。

附 录 一

根据前文所述，父代对子代职业的影响机制有人力资本和社会资本两条途径，而其中大部分是通过父代受教育程度来传递的，故在本部分用父代受教育程度代替子代受教育程度作为解释变量重新进行回归分析，用以控制父代受教育程度这一影响渠道，回归结果如附表 2-1 所示。

附表 2-1　代际职业流动方向的影响因素分析（控制父代受教育程度）

影响因素	（1）全样本模型		（2）男性样本模型		（3）女性样本模型	
	向上流动	向下流动	向上流动	向下流动	向上流动	向下流动
性别	0.810*** (−7.90)	1.036 (0.96)				
父代职业类别	1.815*** (20.09)	0.338*** (−22.22)	1.925*** (20.19)	0.333*** (−24.10)	1.712*** (13.21)	0.345*** (−17.84)
年龄段 2	1.109*** (3.64)	0.838*** (−3.27)	1.105*** (3.23)	0.876** (−2.21)	1.067 (1.26)	0.756*** (−3.26)
年龄段 3	0.942 (−1.03)	0.889 (−1.26)	0.906 (−1.67)	0.929 (−0.75)	0.952 (−0.41)	0.925 (−0.36)
城乡家庭	2.334*** (22.33)	1.627*** (7.38)	2.174*** (20.17)	1.740*** (7.61)	2.713*** (17.35)	1.441*** (4.34)
沿海与内陆地区	1.842*** (7.61)	1.817*** (5.94)	1.821*** (7.49)	1.785*** (6.03)	1.903*** (6.94)	1.879*** (5.15)
父代受教育程度 2	1.017 (0.58)	1.326*** (5.13)	0.995 (−0.17)	1.315*** (4.64)	1.067*** (1.59)	1.334*** (3.70)
父代受教育程度 3	1.214*** (4.90)	1.452*** (4.21)	1.173*** (3.48)	1.473*** (4.17)	1.265*** (4.16)	1.441*** (3.29)
父代受教育程度 4	1.471*** (4.39)	0.874*** (−1.05)	1.691*** (4.72)	0.917 (−0.62)	1.183 (1.32)	0.828 (−1.19)

续表

影响因素	（1）全样本模型		（2）男性样本模型		（3）女性样本模型	
	向上流动	向下流动	向上流动	向下流动	向上流动	向下流动
户口性质	3.858 *** (30.43)	0.882 (−1.34)	3.482 *** (25.07)	0.926 (−0.88)	4.726 *** (22.70)	0.815 (−1.52)
婚姻状况	1.050 (1.62)	1.176 *** (3.40)	1.134 *** (4.02)	1.133 ** (2.24)	0.783 *** (−3.74)	1.301 *** (2.92)
_cons	0.006 *** (−29.38)	10.79 *** (7.87)	0.003 *** (−29.16)	11.14 *** (8.53)	0.007 *** (−19.99)	11.04 *** (6.81)

注：括号内的数值为估计系数的 t 值，*、** 和 *** 分别表示在 10%、5% 和 1% 的水平上显著，_cons 为常数项。年龄段的参考项：15～24 岁；受教育程度的参考项：小学及以下。

用子代受教育程度和父代受教育程度作为解释变量有不同的经济学含义：前者关注于将子代个人受教育程度作为其职业流动的一个影响因素，一般来说个人受教育程度越高职业向上流动的概率越大，这在前文中也得到了验证，同时研究了它对不同性别子代的差异化影响；后者是在子代受教育程度的层面上往后退了一步，即从父代受教育程度的层面上来控制影响渠道。

将表 2-8 和附表 2-1 进行对比可以发现，某些变量的系数产生了符号或显著性变化，比如年龄、户口和婚姻状况，但是没有发生原来显著为正（负）的变为显著为负（正）的变化，因此从结果上来看变化影响不大。

附 录 二

为充分考虑职业生涯发展的因素，我们在原回归的基础上补充了分年龄段（15～24 岁、25～34 岁、35 岁及以上）的回归分析，各年龄段首先只加入性别变量，然后加入其他控制变量，先聚焦于各年龄段样本再进行性别差异的分析，如附表 2-2 所示。

通过对比可以分析得出：

1. 符号和显著性的变化

只有 15～24 岁全样本模型中婚姻状况的符号和附表 2-2 中结论是显著相反的，其含义是：对所有人群来说，结婚会增加向上流动相比于继承的机会，这通

附表 2-2 不同年龄阶段代际职业流动影响因素分析

| | (1) age_10=1: 15~24 岁 | | | | (2) age_10=2: 25~34 岁 | | | | (3) age=3: 35 岁及以上 | | | |
| | (1.1) 只加入性别变量 | | (1.2) 全样本模型 | | (2.1) 只加入性别变量 | | (2.2) 全样本模型 | | (3.1) 只加入性别变量 | | (3.2) 全样本模型 | |
	向上流动	向下流动	向上流动	向下流动	向上流动	向下流动	向上流动	向下流动	向上流动	向下流动	向上流动	向下流动
性别	0.795*** (−10.46)	0.916*** (−2.87)	0.765*** (−9.84)	0.971 (−0.67)	0.792*** (−4.74)	0.705*** (−6.79)	0.901** (−2.16)	1.095 (1.19)	0.903 (−0.86)	0.621*** (−3.09)	0.942 (−0.49)	0.912 (−0.43)
父代职业类别			1.979*** (19.09)	0.332*** (−19.12)			2.278*** (22.69)	0.327*** (−25.43)			1.979*** (9.59)	0.296*** (−20.77)
城乡家庭			2.296*** (18.36)	1.445*** (4.89)			2.139*** (15.53)	1.943*** (8.13)			2.219*** (10.50)	2.426*** (6.18)
沿海与内陆地区			1.685*** (6.15)	1.672*** (4.37)			1.846*** (7.49)	1.850*** (6.26)			2.762*** (7.96)	3.191*** (6.16)
受教育程度 2			2.051*** (0.58)	1.563*** (3.34)			1.730*** (9.76)	1.531*** (3.56)			1.514*** (4.91)	1.520** (2.43)
受教育程度 3			4.286*** (20.04)	1.662*** (3.48)			3.109*** (15.33)	1.239 (1.41)			2.376*** (6.74)	0.934 (−0.22)
受教育程度 4			10.050*** (28.80)	0.788 (−1.28)			9.489*** (22.82)	0.495*** (−3.91)			9.082*** (7.93)	0.271** (−2.44)
户口性质			2.357*** (16.45)	1.074 (0.71)			3.642*** (15.78)	1.212** (2.07)			2.906*** (7.61)	0.862 (−0.62)
婚姻状况			0.852*** (−3.80)	0.967 (−0.53)			1.157*** (3.87)	1.163*** (2.32)			1.926*** (6.10)	1.689** (2.19)
_cons	0.353*** (−21.32)	0.134*** (−43.57)	0.002*** (−29.82)	11.11*** (6.85)	0.412*** (−14.77)	0.194*** (−24.58)	0.001*** (−32.11)	7.41*** (6.53)	0.288*** (−9.67)	0.141*** (−11.98)	0.001*** (−15.70)	7.682*** (4.68)

注：括号内的数值为估计系数的 t 值，*、**和***分别表示在 10%、5%和 1%的水平上显著，_cons 为常数项。年龄段的参考项：15~24 岁；受教育程度的参考项：小学及以下。

过了10%的显著性检验，但是对于15~24岁的年轻人群来说，结婚会减少向上流动相比于继承的机会，这也通过了1%的显著性检验。对35岁及以上的人群来说，全样本模型中性别的系数不显著。

2. 系数大小的对比

在只加入性别变量时，随着年龄阶层的增加，男性和女性向下流动（相比于继承）的比率减小（分别为0.916、0.705、0.621），而在控制了其他影响因素后的全样本模型中结果也一样。25~34岁相比于15~24岁来说，男性和女性向上流动（相比于继承）的比率增大（分别为0.765、0.792）；35岁及以上样本不显著。

第三章 贸易开放对代际间职业流动性的影响

——基于中国加入世界贸易组织的分析[①]

本章依据 2000 年第五次全国人口普查和 2005 年 1% 全国人口抽样调查的数据，采用 DID 模型探究了贸易开放对我国代际间的职业流动性的影响，得出以下主要结论：贸易越开放的地区，代际间的职业流动性越强，且向上流动的可能性要大于向下流动的可能性。机制分析表明，贸易一方面通过增加较开放地区对高技能工人的需求进而增加子女职业向上流动的可能性，另一方面通过促进个体向较开放地区迁移进而提高代际间的职业向上流动性，而贸易引致的家庭对子女的教育投资的变化并不能提高代际间的职业向上流动性。

一、引言

代际间的职业继承与流动，表现了家庭背景对个人职业发展的影响程度，涉及与职业选择、社会流动等相关的社会制度的公平性和公正性，也决定着一个社会是否能够充分调动劳动者群体的积极性，进而从整体上提高生产效率（朱晨，2017）。近些年，虽然公共教育的发展使不同家庭背景的孩子能够得到相对平等

① 本章内容的合作者为潘煜、林发勤。涉及的基金项目为国家自然科学基金青年项目"代际间的职业继承对劳动生产率的影响——基于多部门异质性个体跨代职业选择模型的反事实实验"（71703180）；国家社会科学基金重大项目"新常态下完善我国宏观调控目标体系与宏观调控机制研究"（15ZDA009）；国家自然科学基金面上项目"中国对外贸易对青年受教育程度的异质性因果影响、内在机理及政策模拟研究"（71773148）。

的受教育机会，但是代际传递现象却依旧普遍。王春光（2003）调查表明，中国职业流动的世袭率高达76.04%，而实际流动率只有23.96%，职业向上流动率为16.91%，远低于许多发达国家。由此可见，提高代际间的职业流动性，不仅涉及社会公平，还关系着人们的切身利益。

为了研究贸易开放对我国代际间的职业流动性的影响，本章基于2000年第五次全国人口普查和2005年1%全国人口抽样调查的数据，利用2001年底中国加入世界贸易组织（WTO）后所采取的单边关税减让措施作为贸易开放的衡量指标，采用DID模型，探究贸易较开放地区的子女是否有更大的可能性从事与其父亲不同的职业。附录中的附图3-1比较了我国各城市2000年的平均投入关税水平与加入WTO前（1998~2001年）后（2002~2005年）投入关税的减让幅度，发现各城市的初始关税水平与其关税减让幅度呈显著的正相关关系，故我们利用各城市2000年的初始关税水平来衡量中国加入WTO后各城市的贸易开放程度。实证分析结果表明，贸易开放显著提高了我国代际间的职业流动性，这一结论在父辈职业评分低于中位数的子女或在儿子和女儿的分样本回归中仍然具有稳健性。同时，贸易开放还增加了子女职业向上流动和向下流动的可能性，但向上流动的可能性要大于向下流动的可能性。从这一角度来说，贸易开放有助于促进社会的机会公平。

代际间职业流动性因其对社会公平的意义，传统上是社会学的经典话题，但近年来经济学研究也开始介入，如 Long 和 Ferrie（2013）、Ahsan 和 Chatterjee（2017）。文献中讨论，父代职业对子代职业选择的影响，其主要通过"人力资本"和"社会资本"两个途径实现。其中，"人力资本"可以进一步细分为工作能力和生物健康状况，父代的职业会通过直接投资等方式直接影响子代（Plug and Vijverberg，2005；Guryan et al.，2008；Currie and Moretti，2003），也可以通过言传身教改变子代的偏好和观念来间接对其施加影响（Kirchsteiger and Sebald，2010）。教育可以产生多方位的影响，在文献中比较受关注。"社会资本"可以被分为弱关系和强关系两类（Granovetter，1977），其中弱关系主要起传递信息的作用，在西方国家常用于工作的匹配（Lin et al.，1981），而强关系可以直接影响雇佣关系的形成，在东亚国家尤其是中国是普遍现象，包括我们"攀关系"和"走后门"等（Bian，1997；边燕杰等，2012）。

基于以上文献的基础，并考虑贸易开放对于经济产生的可能影响，本章在识别出贸易开放对代际间的职业流动性有显著的正面影响后，还进一步深入探究了其中的影响机制。我们主要关注三个可能的渠道，并使用数据进行了考察。第一种可能的影响渠道是贸易开放提高了较开放地区的企业对高技能劳动力的需求，继而增加了子女职业向上流动的机会（Ahsan and Chatterjee，2017）。第二种可能的影响渠道是贸易自由化提高了较开放地区的教育回报（Han et al.，2012），进而增加了家庭对子女的教育投入，从而使贸易较开放地区的子女有更大的可能性从事社会地位较高的工作。第三种可能的影响渠道在于贸易自由化促使个人向较开放地区迁移，而较开放地区劳动力市场的市场机制较为完善，"关系"的作用比较淡化，从而增大了迁移人口职业向上流动的概率。

本章的实证结果主要支持第一种和第三种渠道。具体来说，在贸易较开放的地区，子女有更大的概率从事高技能的职业；贸易较开放的地区有更多的外来人口，即便在排除没有迁移历史的样本后，贸易开放也显著增大了迁移子女代际间职业向上流动的概率，且回归系数远大于用全部样本回归得到的系数，这说明个体可以通过向较开放地区迁移来获得更多从事较高层级职业的机会。对于第二种渠道，其产生显著正向影响需要较长的时间，在短期内部分劳动力反而因为贸易带来的就业机会放弃接受更多教育（Atkin，2016），因此还有待更长时间、更多数据的检验。

这些结果表明贸易开放对提高代际间的职业流动性具有重要意义，它在一定程度上解决了劳动力市场人才禀赋错配的问题，能够给政策制定带来新的参考信息。传统上，我们通过制度改革，如户口制度改革、国有企业职工招聘制度的变革，消除职业流动过程中造成不公平的政策措施，提高代际间的职业流动性。现在我们为提高代际流动性、促进社会的机会公平提供了一条新的政策路径——坚持并深化对外开放。这一发现可以为未来的政策调整提供参照。

本章其余部分安排如下：第二部分对目前相关的文献进行归纳和总结；第三部分对本章研究中所采用的数据情况与数据处理进行介绍；第四部分进行详细的实证分析，分别对代际间的职业流动性、代际间的职业向上流动性以及向下流动性进行回归分析，并探究了其中的影响机制；第五部分进行异质性分析和稳健性检验；第六部分进行总结并提出未来相关研究的方向与建议。

二、文献综述

本章主要与两支文献相关。第一支文献是代际间职业流动性的实证文献。国外对代际职业流动的研究可追溯到 20 世纪 50 年代。Benjamin（1958）利用英格兰和威尔士的人口普查数据研究了职业的代际流动状况，统计描述了 13 类职业中父亲与儿子的数量分布，结果表明位于社会地位两端的职业代际继承性都比较高，如父亲从事较高层次的管理工作或从事体力劳动，其儿子多数也会继承该职业。De Jocas 和 Rocher（1957）基于加拿大魁北克省统计局的相关数据，引入职业继承性指数和流动性指数等指标，对比了魁北克省母语分别为英语和法语的加拿大人职业的代际效应。他们发现，两类人职业的代际继承性均较高，但职业流动性的差异较大。Blau 和 Duncan（1967）基于美国人口调查局的相关数据，对美国职业流动的模式、影响因素等进行了分析，指出美国在职业代际效应上也存在明显的相对封闭性。

此外，在对某个国家或地区研究的基础上，国外学者比较了不同国家或地区代际间的职业流动特点。Meyer 和 Zagorski（1979）等通过对美国和波兰的调查数据进行比较分析发现，美国和波兰职业的代际效应呈现出不同的特点，具体而言，波兰代际间的职业流动性要小于美国代际间的职业流动性，但两国城镇居民代际间的职业流动性相差甚微。Long 和 Ferrie（2013）比较分析了美国和英国自 1850 年以来家庭的代际职业流动情况，发现在 19 世纪美国家庭代际间的职业流动性要高于英国，但进入 20 世纪后，随着人口迁移的逐步稳定，美国的代际职业流动逐渐放缓。Kwiek（2015）分析了在欧洲教育扩张的情况下欧洲的教育、职业在代际之间的流动状况。整体来说，白领职业在代际之间的继承性很高，为 50%~70%。而对于高层次的职业来说，代际传承度更高，如父代为高级工程师或立法委员，其子代从事该职业的概率是父代为其他职业的 3.32 倍。

除了对发达国家的研究，也有部分文献关注了发展中国家代际间的职业继承问题。Behrman 等（2001）等通过对美国和拉丁美洲各国教育和职业地位代际流动性进行分析发现，美国代际间的流动性远大于拉丁美洲国家，而代际间的流动性在拉丁美洲各国间存在巨大差异，并且拉丁美洲国家的代际流动性与个人的受教育水平和家庭的教育支出呈显著的相关关系。Emran 和 Shilpi（2010）根据尼泊尔和越南的调查数据，分析了两国从农业部门到非农业部门流动的代际问题。他们发现，越南家庭代际间的职业流动性要高于尼泊尔，而两国女性代际间的职业流动性普遍较小。Ji（2019）基于新职业选择模型量化评估了印度和中国代际间的职业继承问题，指出阻碍两国职业流动的两大因素为劳动力市场的摩擦和对人力资本获得的障碍，并通过反事实实验发现，如果上述两大阻碍因素能够降至美国的水平，中国的劳动生产率会增长 57%~73%，而印度的劳动生产率会增长为原来的 4 倍。

概括来说，国外已有的相关研究从理论和实证层面对代际间的职业流动进行了较为深入的探讨，也为我国相关研究提供了参考与借鉴。国内的一些学者在对我国代际职业流动的分析中也获取了一些符合我国国情的有意义的结论，但起步较晚，研究范围较窄，相关研究仍然较为匮乏。

王春光（2003）建立代际职业转移矩阵后分析发现，尽管中国社会的职业流动有了很大程度的提高，但是仍然存在优势职业被优势群体长期占据，而弱势群体难以摆脱弱势职业的现象，从而产生社会不平等。孙凤（2006）采用郭丛斌和丁小浩（2004）根据城镇住户调查数据所建立的代际职业流动表，引入对数线性模型分析中国职业流动的代际效应。结果表明，中国城镇职业间的流动性不大，特别在不同职业间缺乏流动。阳义南和连玉君（2015）使用 CGSS 及 CLDS 混合横截面数据，分析了我国社会流动性的演变趋势。他们指出，家庭社会地位对子代社会地位的影响在 2008 年、2010 年、2012 年呈逐年下降趋势。

除了对我国家庭的代际职业流动性进行测算，已有的一些文献还从城乡地区、户籍、教育水平等角度对影响代际间职业流动的因素进行初步的分析。郭丛斌和丁小浩（2004）根据国家统计局 2000 年在全国范围内进行的城镇住户调查数据，通过引入代际职业的流动性指数、继承性指数、代际流入指数与流出指数等指标对我国职业的代际效应所造成的劳动力市场分割现状进行分析，并指出教育尤其是高等教育对子女跨越代际效应造成的劳动力市场分割具有显著作用。邢春冰（2006）根据 CHNS 统计的农村样本数据，分析中国转型时期农村地区非农就业机会的代际流动及影响因素。他指出，20 世纪 90 年代农村非农就业机会的代际流动性有所增加，并分析了家庭在外就业、所有制性质以及职业类型方面的代际相关性。吴晓刚（2007）根据 1996 年"当代中国生活史和社会变迁"的全国性抽样调查数据，研究了当代中国家庭背景对职业流动的作用，并特别关注了城乡间的制度分割问题。研究发现，教育增大了代际间向上流动的可能性，但户口性质变化的作用更强。在控制了教育和户口性质变化之后，父代和子代职业之间的关系对城市户口的人而言是正的，但对于农村户口的人而言却是负的。

第二支文献是贸易开放与代际间的职业流动性的实证分析，国内外学者目前只在贸易与创新、技能溢价以及教育获得等众多与代际流动相关的话题上进行研究，如 Yeaple（2005）、Verhoogen（2008）、Bustos（2011）、Burstein 等

（2013），但关于贸易开放对代际职业流动性影响的研究甚少。Ahsan 和 Chatterjee（2017）首次基于印度家庭的调查数据，探究了 1991 年贸易改革所带来的关税下降对印度代际间的职业流动性的影响。他们发现，贸易开放显著提高了代际间的职业流动性，并且在贸易更开放的地区，儿子有更大的可能从事比父亲职业社会地位更高的工作。而机制分析的结果表明，贸易通过提高较开放地区的企业对高技能工人的需求，为当地的男性提供更多职业向上流动的机会，同时只有在对高技能工人需求更大的地区，家庭增加教育投资才能使儿子有更大的概率从事比父亲更好的职业。

总之，现有的研究大多集中在对代际间职业流动性现状和发展趋势的描述性比较以及对代际间职业流动的影响因素（如教育投入、人口迁移、城乡二元结构等）的实证分析，而系统性地讨论贸易开放这一因素无论是在国外学者还是在国内学者的研究中都十分缺乏，基本只有针对印度一个国家的分析，专注于中国国情分析的研究完全缺失。基于以上的讨论，本章的主要贡献有以下三个方面：第一，本章基于中国人口调查数据，采用 DID 模型，首次指出贸易开放显著提高了中国家庭代际间的职业流动性，这是一个以往在这一领域被遗漏的视角。着眼于此渠道，我们估算了贸易开放对我国代际间职业流动性的贡献大小和传导机制。这是文献中第一次给出对该问题的、立足于中国国情的完整、系统性的分析。第二，本章的研究主要基于两次人口调查的数据，其中包含了 300 多万个样本，并根据 GB/T 6565-1999《中华人民共和国国家标准职业分类与代码》中的二位分类码将其对应划分为 73 种不同的职业，巨大的样本容量和细致的分类使本章的实证结果更有说服力。第三，贸易开放提高了代际间的职业流动性，进而改善社会的机会公平，这为我国坚持对外开放的基本国策、积极促进"一带一路"国际合作提供了一个新的支撑点和论据，也为政策设计提供了方向性的参考。

三、数据说明及处理

本章采用的第一支数据来源于 2000 年第五次全国人口普查和 2005 年 1% 全国人口抽样调查，前者采用简单随机抽样，包含了 1180111 个样本，后者采用分层、多阶段、整群概率比例的抽样方法，包含了 2585481 个样本，两次调查均覆盖了全国 31 个省份（不包括港澳台地区）和 340 多个城市，提供了关于个体行业、职业、年龄、婚姻状况、户口性质、受教育程度等详细信息。

第二支数据来源于世界银行的 World Integrated Trade Solution（WITS）数据库，WITS 数据库提供了 HS 六位码层面的关税数据。在数据处理中，我们将 WITS 产品层面的关税水平转换成城市层面的关税水平，以此作为回归方程中自变量的主要数据。

除此之外，要量化子女职业流动的方向，我们必须对不同职业进行排名。本章采用国际社会经济地位指数来衡量各职业的社会地位，国际社会经济地位指数首先由 Blau 和 Duncan（1967）提出，后又由 Ganzeboom 等（1992）加以改进。该指标根据各种职业群体的社会经济特征，用每种职业的平均收入和受教育水平乘以相应的权数计算得到，是国际上广泛使用的职业评分准则。

根据本章的研究内容与目的，对原数据进行了以下处理：

1. 样本配对与筛选

为了形成父亲与子女的有效样本配对，本章参考李力行和周广肃（2014）的处理方式，依据被调查者与户主之间的关系，采用以下两种配对方式形成子女与父亲的配对样本：一是男性户主及其子女；二是女性户主的配偶及其子女。将调查前一周因其他原因（除在职休假、培训、季节性歇业外）未工作的样本排除，筛选后，2000 年和 2005 年共有 372354 个观测值。

2. 计算城市层面的平均投入关税

为了计算每个城市的平均关税水平，本章分别参考了 Liu 和 Qiu（2016）以及 Ahsan 和 Chatterjee（2017）的处理方式，首先根据联合国统计司对照表将 2000 年 HS 六位码产品层面的关税数据转换为 HS 二位码行业层面的关税数据，然后再利用下式计算城市层面的平均关税：

$$\tau_c = \sum_{h=1}^{n} \left(\frac{L_{hc}}{\sum_{h}^{n} L_{hc}} \right) \times \tau_h$$

其中，c 表示城市，h 表示行业，n 表示城市 c 的行业总数，τ_h 表示行业 h 的关税水平，L_{hc} 表示城市 c 在行业 h 的总雇佣人数。以每个城市每个行业 2000 年年底的雇员数占总雇员数的比重作为权重，将行业层面的关税数据转换为城市层面的关税数据，用来衡量该城市的贸易开放程度。

3. 职业分类和评分

由于全国人口普查和人口抽样调查中的职业分类是 GB/T 6565-1999 的职业

分类和代码，而已有的国际社会经济地位指数的职业分类是依据 ISCO88，因此在构建职业的国际社会经济地位指数时，我们首先根据北京大学中国家庭动态跟踪调查（2010）提供的匹配表，将个体的中国职业分类代码转换成国际标准职业分类代码，再根据 Ganzeboom 和 Treiman（1996）提供的国际社会经济地位指数数据为各职业进行评分。在稳健性检验阶段，我们根据 Ahsan 和 Chatterjee（2017）所采用方法，构建了以教育为基础的职业评分来检验回归结果的稳健性。

四 、 实 证 分 析

（一）回归方程

在这一部分，我们运用回归分析探究贸易开放对我国代际间职业流动性的影响。我们使用 2001 年底中国加入 WTO 所带来的单边关税减让作为贸易开放的依据。由于加入 WTO 后不同城市的投入关税减让幅度差别较大，且这种关税的减让在众多的实证文章中通常被视为外生冲击，如 Bloom 等（2016），因此我们采用 DID 模型来识别贸易开放对代际间职业流动的影响。具体而言，回归方程如下：

$$y_{fct} = \alpha + \beta \ln T00_c \cdot Post01_t + \gamma_1 X_{fct} + \gamma_2 V_c \cdot Post01_t + \lambda_c + \lambda_t + \varepsilon_{fct} \qquad (3-1)$$

其中，下标 f 表示子女，c 表示城市，t 表示年份。

因变量 y_{fct} 是一个衡量 2000 年和 2005 年代际间职业流动性的虚拟变量，当子女的职业与其父亲的职业不同时取值为 1，反之为 0。同时，为了测量子女职业的流动方向，我们采用了另外两个虚拟变量——职业向上流动性和职业向下流动性，前者当子女的职业评分比父亲的职业评分高时取 1，其余取 0，而后者当子女的职业评分比父亲的职业评分低时取 1，其余取 0。$\ln T00_c$ 是城市 c 在 2000 年的加权平均投入关税水平，由于 2000 年城市的关税水平与其 2001 年后的关税减让幅度成正比（见附录中附图 3-1），因此可以用来衡量该地区的贸易开放程度。$Post01_t$ 是一个虚拟变量，在加入 WTO 即 2001 年之前取值为 0，在 2001 年之后取值为 1，由于只有两年的数据，因此 2000 年取值为 0，2005 年取值为 1。X_{fct} 是一系列个体层面、可能与个人职业选择相关的控制变量，包括个人的年龄、年龄的平方、婚姻状况、户口性质及父亲的受教育程度。其中父亲的受教育程度可以衡量个人不可观测的由遗传得来的能力。V_c 是一系列城市层面的控制变量，包括 2000 年各城市的人口规模和农业人口占比，由于回归方程中的自变量是以每个城市在 2000 年末各行业的雇佣人数占比为权重，通过对各行业的投入关税水平加权平均得来，因此其可能与一些城市层面的特征相关，导致交叉项系数的估计结果有偏，因此本章加入城市层面的控制变量来避免内生性问题。λ_c 是城市固定效应，用来控制那些不随时间变化的城市特征。λ_t 为时间固定效应，用来控制那些会对所有地区产生相同影响的事件，如商业周期。ε_{fct} 表示随机误差项。

我们主要关注系数 β，若 β 显著为正，则说明加入 WTO 后，贸易较开放的地区相对于贸易欠开放的地区代际间的职业流动性更大。

（二）回归结果

表 3-1 为式（3-1）的回归结果。列（1）和列（2）表示因变量为代际间的职业流动性的回归结果，即当子女的职业与其父亲的职业不同时取 1，反之为 0，并且在列（2）中加入了城市层面的控制变量。由表 3-1 可知，交叉项的系数始终显著为正，说明关税减让幅度较大的地区代际间的职业流动性更大。具体来说，如果一个地区的投入关税减让幅度比另一个地区高 10%，那么该地区子女从事与父亲不同的职业的概率比另一地区平均增加约 9.52%。列（3）和列（4）表示因变量为代际间职业向上流动性的回归结果，即当子女的职业评分比父亲的职业评分高时取 1，其余取 0；列（5）和列（6）表示因变量为代际间职业向下流动性的回归结果，即当子女的职业评分比父亲的职业评分低时取 1，其余取 0；列（4）和列（6）中加入了城市层面的控制变量。我们发现，交叉项的系数始终显著为正，说明贸易更开放的地区相对于贸易欠开放的地区子女职业向上流动和向下流动的可能性更大，但同一地区代际间职业向上流动的可能性比向下流动的可能性大。以上的回归结果说明，贸易开放改善了地区代际间职业固化的问题。

表 3-1　贸易自由化和代际之间的职业流动性

因变量	（1）	（2）	（3）	（4）	（5）	（6）
	流动性	流动性	向上流动性	向上流动性	向下流动性	向下流动性
$\ln T00_c \cdot Post01_t$	0.952***	0.807**	0.490**	0.656**	0.469***	0.215**
	（0.279）	（0.321）	（0.231）	（0.274）	（0.076）	（0.085）
年龄	0.010***	0.010***	0.009***	0.009***	0.002	0.002
	（0.002）	（0.002）	（0.001）	（0.001）	（0.001）	（0.001）

续表

因变量	（1）	（2）	（3）	（4）	（5）	（6）
	流动性	流动性	向上流动性	向上流动性	向下流动性	向下流动性
年龄^2	−0.000***	−0.000***	−0.000***	−0.000***	−0.000	−0.000
	（0.000）	（0.000）	（0.000）	（0.000）	（0.000）	（0.000）
婚姻状况	0.008***	0.008***	−0.003	−0.003	0.010***	0.010***
	（0.002）	（0.002）	（0.002）	（0.002）	（0.001）	（0.001）
户口性质	0.342***	0.342***	0.165***	0.165***	0.172***	0.172***
	（0.033）	（0.033）	（0.014）	（0.014）	（0.020）	（0.020）
父亲受教育程度	0.038***	0.038***	−0.021***	−0.021***	0.059***	0.059***
	（0.001）	（0.001）	（0.002）	（0.002）	（0.001）	（0.001）
改革前城市特征	No	Yes	No	Yes	No	Yes
城市固定效应	Yes	Yes	Yes	Yes	Yes	Yes
年份固定效应	Yes	Yes	Yes	Yes	Yes	Yes
观测值	188570	188570	188570	188570	188570	188570
R^2	0.250	0.250	0.134	0.134	0.121	0.121

注：括号内的数值为估计系数的标准误，*、**和***分别表示在10%、5%和1%的水平上显著。

在个体层面控制变量的回归结果中我们发现：在因变量为代际间的职业流动性和职业向上流动性的回归中，子女年龄一次项的系数显著为正，二次项的系数显著为负，说明年龄对代际间职业流动性和职业向上流动性的影响呈现倒"U"形关系，但在因变量为职业向下流动的回归中不显著；子女的婚姻状况在因变量为代际间的职业流动性和职业向下流动性的回归中显著为正，而在职业向上流动的回归中不显著，说明已婚的子女更有可能从事与自己父亲不同的职业，但其所从事职业的社会地位要比父亲职业的社会地位低；子女户口性质的回归系数始终为正，说明非农户口的子女相较于农村户口的子女有更大的代际间的职业流动性，这也与国内现有文献（王春光，2003；吴晓刚，2007）的研究结果相吻合，原因可能是户籍制度的存在使农村子女在择业时受到更多的限制；父亲受教育水平的系数在因变量为代际间的职业流动性和职业向下流动的回归中显著为正，而在职业向上流动的回归中显著为负，说明父亲的受教育程度越高，代际间的职业流动性越强，但主要是向下流动，原因可能是在父亲的受教育程度较高的家庭中，父辈对子辈的教育投入较大，故子女从事与父亲不同的职业的可能性越大，但由于其父亲职业的社会经济地位已经很高，子女职业向上流动的空间较小，因此父亲的受教育程度与子女职业的社会经济地位呈负相关关系。

（三）机制分析

在这一部分，我们探究贸易增加代际间职业向上流动性的渠道。贸易更开放的地区，子女有更大的概率从事比父亲职业社会地位更高的工作：其一，可能贸易增加了较开放地区的竞争程度，进而提高了企业对高技能劳动力的需求，增加了子女从事较高层级职业的机会；其二，贸易开放提高了我国劳动力市场的技能溢价（Han et al.，2012），进而促使贸易更开放地区的家庭增加对子女的教育投入，较高的受教育水平使其有更大的可能从事社会地位较高的职业；其三，贸易开放提高代际间的职业向上流动性可能是个体自我选择迁移到较开放地区的结果。最终的实证结果表明，贸易影响代际间的职业向上流动性的第一条渠道和第三条渠道成立，而第二条渠道不成立。

对于第一条渠道，如果关税减让增加了较开放地区对高技能劳动力的需求，那么贸易较开放地区的子女就应该有更大的概率在技能型行业工作。因此，我们使用2000年每种职业中学历为大学专科、大学本科和研究生及以上的职工人数占总雇佣人数的比重来衡量每种职业的技能密度，将其与2005年的样本进行匹配，而使用2000年的数据构造职业的技能密度，保证了职业的技能密度不受中国加入WTO的影响。接着，将式（3-1）的因变量变为子女职业的技能密度，同时为了与第三种机制进行区分，我们排除了有迁移历史的样本，重新回归了式（3-1）。

表3-2列（1）的回归结果表明，在贸易更开放的地区，子女职业的技能密度更大。根据Aghion等（2009）的结论，越来越多外国企业和商品进入本国市场会导致那些更接近技术前沿的现存企业增加其研发投入，而那些远离技术前沿的现存企业则减少其研发投入。2001年底中国加入WTO，实行了单边的关税减让，降低了外国企业和商品进入中国市场的门槛。一方面，贸易较开放地区的企业，往往都是更接近技术前沿的企业，竞争的加剧会促使它们进行更多的研发活动，进而增加它们对技能工人的需求，使得在贸易更开放地区的子女有更多的机会到这些社会地位较高的行业进行工作，故在贸易更开放地区代际之间职业向上流动的可能性更大；另一方面，对于那些处在贸易欠开放地区的企业，它们远离技术前沿，外国企业和商品的进入使得它们得以以更低的成本获得外国先进的技术，因此它们会降低自己的研发投入，故在贸易欠开放地区代际之间职业向上流动的可能性较小。

表 3-2 机制分析

因变量	(1)	(2)	(3)	(4)
	技能密集度	向上教育流动性	迁徙率	迁徙率
$\ln TOO_c \cdot Post01_t$	0.259 ***	-0.573 ***	1.020 ***	6.525 ***
	(0.055)	(0.134)	(0.347)	(0.585)
观测值	185041	196342	196342	13583
R^2	0.232	0.068	0.073	0.162

注：括号内的数值为估计系数的标准误，＊、＊＊和＊＊＊分别表示在 10%、5% 和 1% 的水平上显著。

对于第二种机制，如果贸易开放增加了家庭对子女的教育投入，进而增加了子女从事较高层级职业的可能性，那么我们应该能观测到在贸易更开放的地区，子女的受教育程度有更大的概率比其父亲的受教育程度高，换句话说，在子女比父亲受教育程度高的地区，代际间职业向上流动的可能性应该更大。我们检测了在贸易更开放地区子女的受教育程度是否有更大的概率比其父亲的受教育水平高。我们将式（3-1）的因变量设定为，当子女的受教育程度比父亲高时取 1，反之取 0，其余变量保持不变，然后重新回归了式（3-1）。

根据表 3-2 列（2）的结果，贸易开放不仅没有增加子女受教育程度高于其父亲的概率，反而使之下降，这与 Atkin（2016）对墨西哥的研究结果一致。该学者发现，随着贸易开放导致当地出口制造行业的扩张，学生的辍学率也在提高，原因在于贸易提高了学生受教育的机会成本。这说明贸易并非通过提高子女受教育程度来提高代际间职业的向上流动性，第二条影响渠道不成立。

对于第三种机制，如果贸易自由化促使更多人向较开放地区迁移，那么贸易更开放地区就应该有更多的外来人口，换句话说，对于有迁移历史的子女，代际间职业向上流动的可能性应该更大。我们首先检测了贸易开放是否促进了人口在各城市间进行迁移。我们将式（3-1）的因变量设定为，当子女的现住地和出生地不同时取值为 1，反之为 0，其余变量保持不变，然后重新回归了式（3-1）。

表 3-2 中列（3）的回归结果表明，贸易开放显著促进了人口的迁移，即在贸易较开放的地区，子女的现住地与出生地不同的概率更大。接着，我们只保留有迁移历史的样本，重新对式（3-1）进行回归，根据表 3-2 中列（4）的结果，在有迁移历史的样本中，贸易开放显著提高了代际间的职业向上流动性，且回归系数远大于表 3-1 中用全部样本回归得到的系数。由此可见，贸易自由化促进了

人们向更开放地区的迁移，使这些迁移人口普遍有更大的概率从事比自己父亲更高层级的工作。

基于以上的分析发现，贸易虽然使子女的受教育程度有所下降，但是增加了子女从事更高层级职业的概率，这说明贸易开放可以改善劳动力市场人才禀赋错配的问题。由于劳动力市场摩擦等各种因素，一些受教育程度较高的子女并不能从事与其能力相匹配的职业。随着贸易开放度的不断扩大，市场竞争也不断加剧，靠近技术前沿的企业提高了对高技能劳动力的需求，进而使那些原本受教育水平较高但从事较低层级工作的子女得到更多从事高端层级工作的机会，而贸易欠开放地区的子女也可以通过向贸易较开放地区迁移来获得这一机会。因此，贸易开放在一定程度上改善了劳动力市场人才禀赋错配的问题。

五、异质性分析和稳健性检验

（一）异质性分析

在这一部分，我们采用三重差分模型对回归结果进行了异质性分析，同时从不同的角度检验基准回归结果的稳健性。

在异质性分析中，我们采用各城市 2000 年的平均输入关税水平、时间虚拟变量和性别虚拟变量的交互项作为自变量，其中，儿子的性别虚拟变量取值为 1，女儿取值为 0，以探究贸易开放对代际间职业流动性的影响是否会有性别差异。

表 3-3 的回归结果表明，在贸易较开放的地区，女儿相对于儿子有更大的概率从事与父亲不同的职业。具体而言，女儿相对于儿子有更大的概率从事比父亲社会地位更高的职业，儿子相对于女儿有更大的概率从事比父亲社会地位更低的职业。这说明贸易开放在一定程度上改善了女性的就业状况。

表 3-3　异质性分析

因变量	（1）	（2）	（3）	（4）	（5）	（6）
	流动性	流动性	向上流动性	向上流动性	向下流动性	向下流动性
$\ln T00_c \cdot Post01_t \cdot Sex_f$	−0.193***	−0.194***	−0.223***	−0.222***	0.041**	0.040**
	(0.031)	(0.031)	(0.030)	(0.030)	(0.017)	(0.017)

因变量	（1）流动性	（2）流动性	（3）向上流动性	（4）向上流动性	（5）向下流动性	（6）向下流动性
年龄	0.011 *** (0.002)	0.011 *** (0.002)	0.010 *** (0.001)	0.010 *** (0.001)	0.002 (0.002)	0.002 (0.002)
年龄^2	−0.000 *** (0.000)	−0.000 *** (0.000)	−0.000 *** (0.000)	−0.000 *** (0.000)	−0.000 (0.000)	−0.000 (0.000)
婚姻状况	0.009 *** (0.002)	0.009 *** (0.002)	−0.002 (0.002)	−0.002 (0.002)	0.010 *** (0.001)	0.010 *** (0.001)
户口性质	0.341 *** (0.034)	0.341 *** (0.034)	0.163 *** (0.015)	0.163 *** (0.015)	0.173 *** (0.020)	0.173 *** (0.020)
父代受教育程度	0.038 *** (0.002)	0.038 *** (0.002)	−0.021 *** (0.002)	−0.021 *** (0.002)	0.059 *** (0.001)	0.059 *** (0.001)
改革前城市特征	No	Yes	No	Yes	No	Yes
城市固定效应	Yes	Yes	Yes	Yes	Yes	Yes
年份固定效应	Yes	Yes	Yes	Yes	Yes	Yes
观测值	188570	188570	188570	188570	188570	188570
R^2	0.251	0.251	0.135	0.135	0.121	0.121

注：括号内的数值为估计系数的标准误，*、** 和 *** 分别表示在 10%、5% 和 1% 的水平上显著。

（二）平行趋势检验

在进行稳健性检验之前，我们首先检验双重差分模型的平行趋势假设。双重差分模型的准确性要求若不存在 2001 年中国加入 WTO 这一外生冲击，处理组和对照组的被解释变量会具有相同的变化趋势。首先，我们计算了 2000 年和 2005 年各城市的代际职业流动占比、代际职业向上流动占比和代际职业向下流动占比，分别表示调查样本中各城市子女职业与其父亲不同、子女职业评分高于其父亲以及子女职业评分低于其父亲的人口占该城市总人口的比重。其次，我们利用线性插值将样本扩展至 1997~2005 年。最后，根据 Dai 等（2018）的研究，我们进行了如下回归：

$$y_{ct} = \alpha_0 + \alpha_1 du_c + \sum_{k=1998}^{2005} \alpha_k du_c \cdot post_k + \lambda_t + \varepsilon_{ct} \tag{3-2}$$

其中，du_c 为虚拟变量，当城市的关税减让幅度大于或等于样本中位数时取值为 1，反之为 0。$post_k$ 为表示 1998~2005 年的年份虚拟变量。

回归结果如图 3-1 所示，图中的系数表示关税减让幅度较大的城市（处理组）相对于关税减让幅度较小的城市（对照组）各年的代际间职业流动性相对于 1997 年的差异。可以看到，在中国加入 WTO（2001 年）以前，处理组和对照组的代际间职业流动性、代际间职业向上流动性以及代际间职业向下流动性均无显著差异，而在中国加入 WTO 之后，各年的系数才开始显著异于 0，表明双重差分模型的平行趋势假设成立。

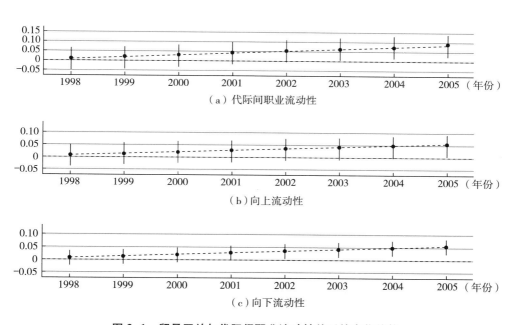

（a）代际间职业流动性

（b）向上流动性

（c）向下流动性

图 3-1　贸易开放与代际间职业流动性关系的变化趋势

（三）稳健性检验

由于本章的被解释变量为二元变量，线性概率模型可能会产生较大偏误，普遍的做法是采用 Probit 和 Logit 模型，前者假设回归方程中的随机扰动项服从标准正态分布，后者假设随机扰动项服从 Logistic 分布。因此，在稳健性检验部分，首先，我们采用 Probit 和 Logit 模型来进行回归。回归结果如表 3-4 所示，表中的系数为平均边际效应，可以看到，投入关税前的系数均显著为负，说明贸易开放对代际间职业流动性有显著的正向作用，这一结果与式（3-1）的回归结果一致。具体而言，投入关税每下降 1%，代际间职业流动、职业向上流动和职业向下流动的概率会分别提高 2.243%、1.354% 和 0.855%。

表 3-4　Probit 和 Logit 回归

因变量	（1）	（2）	（3）	（4）	（5）	（6）
	Probit 模型			Logit 模型		
	流动性	向上流动性	向下流动性	流动性	向上流动性	向下流动性
加入关税	−2.243***	−1.354***	−0.855***	−2.264***	−1.337***	−0.811***
	（0.031）	（0.030）	（0.022）	（0.032）	（0.030）	（0.022）
年龄	0.019***	0.018***	0.002**	0.019***	0.018***	0.002**
	（0.001）	（0.001）	（0.001）	（0.001）	（0.001）	（0.001）
年龄²	−0.000***	−0.000***	−0.000***	−0.000***	−0.000***	−0.000***
	（0.000）	（0.000）	（0.000）	（0.000）	（0.000）	（0.000）
婚姻状况	−0.001	−0.011***	0.013***	−0.001	−0.011***	0.013***
	（0.003）	（0.002）	（0.002）	（0.003）	（0.002）	（0.002）
户口性质	0.348***	0.158***	0.114***	0.346***	0.154***	0.105***
	（0.003）	（0.003）	（0.002）	（0.003）	（0.003）	（0.002）
父代受教育程度	0.041***	−0.018***	0.051***	0.042***	−0.019***	0.049***
	（0.001）	（0.001）	（0.001）	（0.001）	（0.001）	（0.001）
城市特征	Yes	Yes	Yes	Yes	Yes	Yes
观测值	167725	167725	167725	167725	167725	167725

注：括号内的数值为估计系数的标准误，＊、＊＊和＊＊＊分别表示在 10%、5% 和 1% 的水平上显著。

其次，我们利用一个安慰剂检验排除了事前存在的趋势的影响。我们担心代际间的职业流动原本就存在逐年上升的趋势，2001 年加入 WTO 只是恰好识别了这一事前存在的趋势，故我们假设中国加入 WTO 的时间在 2003 年末，使用 2003 年的加权平均投入税率作为每个城市的初始税率，重新对式（3-1）进行回归。若我们的担心成立，则安慰剂检验的结果应该也显著为正。在表 3-5 的回归结果中，交叉项的系数均不显著，说明贸易导致的代际间职业流动的增加并非由事前存在的趋势所引起，即我们的回归结果具有稳健性。

表 3-5　安慰剂检验

因变量	（1）	（2）	（3）
	流动性	向上流动性	向下流动性
$\ln T03_c \cdot Post03_t$	0.061	0.063	0.118
	（0.245）	（0.190）	（0.076）

续表

因变量	（1）	（2）	（3）
	流动性	向上流动性	向下流动性
Observations	193178	193178	193178
R^2	0.249	0.133	0.120

注：括号内的数值为估计系数的标准误，＊、＊＊和＊＊＊分别表示在 10%、5% 和 1% 的水平上显著。

再次，我们担心贫困家庭的子女在择业过程中会受到各种限制，从而并不能享受到贸易开放带来的代际间职业流动性的改善，因此我们专门分析了较贫困家庭的情况。我们筛选出父亲的职业得分处于中位数以下水平的子女，重新对式（3-1）进行回归，回归结果如表 3-6 所示。表 3-6 中数据部分第一行的回归结果始终显著为正，说明贸易开放提高了父亲职业地位处于较低水平的家庭代际间的职业流动性，且职业向上流动的回归系数大于表 3-1 中用全部样本的回归系数，说明贸易开放显著增加了较贫困家庭子女从事高层级工作的概率，从而促进了社会公平。

表 3-6　较贫困家庭代际间的职业流动性

因变量	（1）	（2）	（3）
	流动性	向上流动性	向下流动性
$\ln T00_c \cdot Post01_t$	0.756＊＊	0.771＊＊	0.075
	（0.327）	（0.306）	（0.055）
Observations	162906	162906	162906
R^2	0.238	0.209	0.025

注：括号内的数值为估计系数的标准误，＊、＊＊和＊＊＊分别表示在 10%、5% 和 1% 的水平上显著。

最后，我们采用不同的职业评分方法来检验回归结果的稳健性。根据 Ahsan 和 Chatterjee（2017）所采用的以雇员受教育水平为基础的职业评分方法，我们利用 2000 年人口普查数据，以不同受教育水平的雇员人数占比为权重，计算了每种职业的教育密度，其中教育密度越高，评分越高，借以重新评判代际间职业的向上和向下流动。与构造各职业的技能密度相同，采用加入 WTO 前的数据构造职业得分，保证了各职业得分不受贸易自由化的影响。表 3-7 中数据部分第一行的回归系数始终显著为正，且系数的大小与表 3-1 中的回归结果相似，故我们的回归结果对该种职业评分方法具有稳健性。

表 3-7　采用以教育为基础的职业评分方法

因变量	（1）	（2）	（3）
	流动性	向上流动性	向下流动性
$\ln T00_c \cdot Post01_t$	0.817**	0.641**	0.177*
	（0.320）	（0.278）	（0.091）
观测值	188867	188867	188867
R^2	0.250	0.136	0.113

注：括号内的数值为估计系数的标准误，*、**和***分别表示在10%、5%和1%的水平上显著。

　　此外，我们用不同指标衡量各个城市的贸易开放程度来检验回归结果的稳健性。我们依次采用各城市2000年和2005年平均人均外商投资额、平均人均贸易量和各城市与海岸线的距离①来衡量该城市的贸易开放水平，回归结果如表3-8所示。表3-8的列（1）至列（3）为用平均人均外商投资额来回归得到的结果，列（4）至列（6）为用平均人均贸易量来回归得到的结果，最后三列为用各城市与海岸线的距离来回归得到的结果。用三种贸易开放衡量指标来回归得到的结果均表明，贸易开放程度较大的城市相较于欠开放的城市，子女有更大的概率从事与父亲不同的职业，且代际间的职业向上流动性和向下流动性均有所提高，证实了表3-1的回归结果具有稳健性。

表 3-8　用不同的指标来衡量贸易开放程度

	（1）	（2）	（3）	（4）	（5）	（6）	（7）	（8）	（9）
	流动性	向上流动性	向下流动性	流动性	向上流动性	向下流动性	流动性	向上流动性	向下流动性
	$FDI_c \cdot Post01_t$			$Trade_c \cdot Post01_t$			$Dist_c \cdot Post01_t$		
贸易开放	0.009***	0.007**	0.002***	0.006***	0.003	0.004***	-0.077***	-0.048***	-0.029***
	（0.003）	（0.003）	（0.001）	（0.002）	（0.002）	（0.001）	（0.006）	（0.005）	（0.003）
观测值	148133	148133	148133	144521	144521	144521	208838	208838	208838
R^2	0.247	0.132	0.111	0.250	0.134	0.113	0.250	0.137	0.111

注：括号内的数值为估计系数的标准误，*、**和***分别表示在10%、5%和1%的水平上显著。

---

① 根据 Han 等（2012）的研究，地区与海岸线的距离与该地区的开放程度有显著的负相关性。

六、本章小结

我国是一个人口大国，"人"是我们重要的一项生产要素，"以人为本"也是我国的执政理念。要改善人民的生活，提高人民的福利水平，实现劳动力市场公平、让每个人都能从事与自己能力相匹配的职业是其中十分重要的一环。本章重点关注贸易开放与我国代际间职业流动性的关系，依据 2000 年第五次全国人口普查和 2005 年 1% 全国人口抽样调查的数据，采用 DID 模型，探究了贸易开放对我国代际间职业流动性的影响，并分析了贸易开放增加代际间职业向上流动性的传导机制。本章研究发现，贸易越开放的地区，代际间的职业流动性越大。贸易开放既增加了子女职业向上流动的可能性，也增加了子女职业向下流动的可能性。这一实证结果在以下四种情况中都具有稳健性：采用不同的回归方法；只保留父亲职业评分低于中位数的子女；采用不同的职业评分方法；采用不同的衡量贸易开放度的指标。机制分析表明，贸易一方面通过增加较开放地区对高技能劳动力的需求进而增加子女职业向上流动的可能性；另一方面通过促进个体向较开放地区迁移进而提高代际间的职业向上流动性，但贸易并没有通过提高子女受教育水平这一渠道来增加代际间职业向上流动的概率。

关于贸易开放与代际间的职业流动性的关系还有很多值得探索的地方，本章无法面面俱到，今后的研究可以从以下两个维度考察：一是本章只采用了 2000 年和 2005 年两年的数据进行实证分析，不能揭示贸易开放导致的代际间职业流动性的变化趋势，故今后的研究可以采用更大的时间跨度来较为全面地分析贸易开放对代际间职业流动性的影响；二是本章只考察了三种贸易开放影响代际间职业流动性的渠道，今后的研究可以讨论更多可能的影响机制，在获得更多数据的基础上，还可以讨论如贸易是否通过促进户籍制度改革、国有企业招聘制度改革进而提高代际间的职业流动性等问题。

附 录

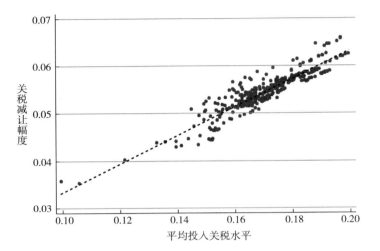

附图 3-1　2000 年中国各城市的平均投入关税水平与其关税减让幅度的关系

第四章 代际间职业继承总体
影响的跨国比较

本章描述了中国、印度及其他国家的职业继承，即子女对其父母职业的继承。在职业继承盛行的原因中，本章选取阻碍增长的两类扭曲：劳动力市场摩擦和劳动技能积累壁垒。职业选择模型的反事实实验表明，如果上述扭曲降低至美国的水平，中国劳动生产率将增长 60%～75%，印度将增长 107%～178%。从 20 世纪 80 年代到 2009 年，中国经济实现了其中 74%～89% 的增长。此外，这种生产率的提高伴随着代际收入相关性的下降。

一、引言

职业继承，即孩子对父母职业或更广泛的职业地位的继承，在中国和印度等许多发展中国家非常普遍。社会学家和经济学家对代际间的职业流动模式进行了广泛的比较研究[①]。然而，现有文献侧重描述代际职业流动的相关事实，进而分析其对社会不平等的影响，并且其研究对象主要是发达国家[②]。本章旨在从宏观经济视角研究职业继承对发展中国家效率（即生产力）的影响。首先描述了各国的职业继承模式，然后通过定量分析发现，导致职业继承的因素也同时造成了

[①] 例如，Breen（2004）、Erikson 和 Goldthorpe（1992）、Ganzeboom 和 Treiman（2007）、Grusky 和 Hauser（1984）、Long 和 Ferrie（2013）、Treiman 和 Ganzeboom（2000）、Treiman 和 Yip（1989）探讨了这个问题，Blanden（2009）对此进行了简短的调查。一个高度相关的问题是代际收入流动性。有关综述，请参阅 Solon（1999）、Solon（2002）、Blanden（2009）、Black 和 Devereux（2011）。

[②] 两个例外是 Behrman 等（2001）和 Reddy（2015）。前者涉及拉丁美洲国家的代际职业流动率（IOM），但由于数据限制，仅将职业分为白领和蓝领类别，而后者涉及印度。

国家间人均产出的显著差异。本章的基本逻辑是，职业与特定的技能内容相关联，因此，观测到的职业选择模式可以反映阻碍职业技能积累和配置的摩擦和障碍，这种摩擦和障碍最终会对总体生产率产生抑制作用。

本章首先进行了代际职业流动的跨国观察，具体而言，我们将职业继承和收入水平联系起来。本章使用代际职业流动率和 Altham 指标两种方法[1]来描述职业继承。研究发现，欠发达国家的工人从事的职业大多出自他们父辈的职业，不太可能在父辈职业之外。这表明，欠发达国家的工人为了进入一个没有家庭背景的行业，必须克服的阻碍远远大于发达国家的同行。这些阻碍可能有不同的来源，本章根据它们影响宏观经济的机制将其分为三大类：劳动力市场摩擦、劳动技能积累壁垒和经济结构因素。

劳动力市场摩擦导致人才禀赋分配低效。例如，在中国，户籍制度将农村家庭与农业生产捆绑在一起。在印度的种姓制度下，特定种姓的人们只能从事特定种姓下的职业，再次固化了职业继承。

与美国相比，中国和印度的工人面临更大的劳动技能积累壁垒。中国和印度在平均教育水平方面相对落后于美国。与此同时，中国和印度由于合同执行不力和信贷约束等，限制了工作场所培训的能力。因此，中国和印度的工人不得不求助于家庭内部积累技能，进而导致职业继承现象。

最后一个机制是经济结构因素。不同职业发生职业继承的概率不同。对于某些职业，技能更有可能在家庭中传承，或者先天禀赋更容易从父母传给孩子。[2]如果在一个经济体中某些职业经常发生职业继承，那么职业继承就会在这种经济中占主导地位。因为它内生于经济体中，所以在本章的定量分析中将排除其影响，不分析这一机制。

本章定量测算了职业继承对人均产出的总体影响，这为研究跨国生产力差距提供了新的视角。我们使用 Hsieh 等（2013）的职业选择模型（HHJK 模型），这实际源于 Roy（1951）、Eaton 和 Kortum（2002）。在这个模型中，劳动力质量是先天禀赋、劳动技能积累、劳动技能获取壁垒和劳动力市场摩擦的组合。异质性个体基于人才禀赋和劳动力市场摩擦选择最佳职业，这决定了总生产率。1960~2010 年，Hsieh 等（2013）将 HHJK 模型应用于美国经济，发现这一时期

---

① 我们将在后面的章节中提供有关这些方法的详细信息。
② 前者的典型例子是手工艺品制造业，后者的典型例子是运动员。

大约 1/4 的增长来自妇女和非裔在劳动力市场上的人才禀赋配置的改善。

本章定量分析结果表明，如果把代际职业流动的障碍降低到美国水平，中国的劳动生产率将增长 60%～75%，印度将增长 107%～178%。此外，从 20 世纪 80 年代到 2009 年，中国实现了其中 74%～89% 的增长潜力，这表明，虽然中国在此期间取得了巨大进展，但是还必须找到其他动力来源，推动其未来可持续增长。这种生产率增长与代际收入相关性的降低有关。

有一类新兴的文献使用与 HHJK 类似的模型。Lagakos 和 Waugh（2013）使用能力自选择机制来解释国家间农业生产力的巨大差异。Cortes 和 Galipoli（2014）使用《职业名称词典》来衡量职业特征，估计了美国职业流动的总成本。Jung（2014）开发了一个内生增长模型，认为经济增长发生于工作和人才禀赋取得更好匹配时。与本章最相似的研究是 Sinha（2014），它描述了欠发达国家具有高职业继承率，但其在分析职业继承对劳动生产率的影响时，强调信贷约束阻碍人力资本积累的问题。①

本章与通过理论模型和定量分析研究人力资本积累的文献相关。在对先天与后天的实证研究中，Restuccia 和 Urrutia（2004）建立了一个将先天禀赋、早期教育和大学教育作为人力资本来源的模型。他们发现，对教育的投资，特别是早期教育，可以解释约一半的代际间收入延续性，他们的模型也说明了教育政策的影响。Erosa 等（2010）开发了一个包含先天能力和教育所得技能的异质性个体选择模型，发现人力资本积累会显著放大各国之间的 TFP 差异。此外，Córdoba 和 Ripol（2013）提供了一个研究人力资本形成的模型，并发现信贷限制、获得公共教育的机会、生育率和死亡率等摩擦造成了各国之间学校教育的差异，这进一步造成了生产力差距。Manuelli 和 Seshadri（2014）将人力资本质量作为内生变量，这显著增大了产出相对于 TFP 的弹性。然而，这些文献主要涉及人力资本积累，忽视了人才禀赋配置，这正是本章打算研究的内容。

部分文献侧重于研究要素投入错配导致 TFP 损失的问题，其中 Restuccia 和 Rogerson（2013）做了广泛的研究。在一篇开创性论文中，Hsieh 和 Klenow

① 本章与 Sinha（2014）都属于考虑就业市场中职业特征的独立研究。本章与 Sinha（2014）有如下不同：一是本章专注于一般意义上的人才禀赋错配，没有强调信贷限制等任何特定渠道；二是本章的定量分析侧重于中国与印度和美国之间的比较，特别是本章对中国改革开放前后进行了比较，而 Sinha（2014）比较了更多国家，但不包括中国，也没有进行跨期比较；三是两者使用了不同的数据集，本章还使用 Altham 指标衡量代际职业流动率；四是本章对初始职业和当前职业的观察结果进行了比较，这由本章数据集确定。

（2009）提出，不同工厂之间资本和劳动力投入的错配导致了中国和印度 TFP 的损失。如果在公司层面将错配降低至美国水平，中国制造业 TFP 可以增长 30%～50%，印度制造业可以增长 40%～60%。他们认为，与公司层面的资本和劳动力错配相比，职业继承会导致更大的生产力损失。Adamopoulos 等（2017）基于两部门（农业、非农业）模型，利用面板数据和定量分析研究了错配和选择对农业生产力的影响，发现资本和劳动力的错配会造成巨大的生产力损失，工人进入不同部门的选择会进一步放大这一损失。本章对此作了补充，将视角放宽至所有职业，而非仅限于农业和种植业。

本章其余部分安排如下：第二部分介绍关于中国和印度劳动力市场摩擦和人力资本积累的实证发现和背景信息；第三部分为数据说明和参数选定；第四部分为定量分析结果；第五部分是结论。

二、特征事实和背景信息

本部分介绍了一些观察和背景信息。首先，说明了代际职业流动性与人均 GDP 之间的显著相关性。同时，考虑了在不同的分类和度量下结果是否稳健。其次，描述国家间 Altham 指标与收入水平之间的关系。最后，给出了中国和印度劳动力市场摩擦和劳动技能积累壁垒的背景信息。

相同名称的职业在不同国家可能有不同含义。为了在比较中解决这一问题，研究人员创建了一个国家间统一的职业分类，即 ISCO。ISCO 目前由国际劳工组织维护，且目前普遍使用的版本是 ISCO88。ISCO88 具有 10 个主要的职业大类（1 位码）、28 个次主要的职业类别（2 位码）、116 个职业小类（3 位码）和 390 个职业细分类（4 位码）。本章使用的职业数据都基于 ISCO88，可以进行跨国比较。

本章主要使用 2009 年的 ISSP 数据（ISSP Research Group，2009），总计涵盖了 40 个国家和地区的 54733 人。ISSP 是跨国的年度调查项目，每年有不同主题，其中 2009 年的主题是社会不平等。该项目为本章研究提供了便利。对于本章而言，ISSP 2009 中的数据具有如下优势：其一，如前所述，ISSP 2009 使用 ISCO88 作为各个国家的职业分类标准。其二，它提供了大量相关信息，如受访者及其父亲的职业。值得一提的是，ISSP 2009 中与受访者父亲有关的问题是："当你

（14~15~16）岁时，你父亲做了什么样的工作?"该问题很有价值，它将受访者父亲的职业信息限制在狭义的黄金年龄区间内。其三，它提供了受访者的初始职业和当前职业，这使我们能对这些回答的匹配程度进行双重检验。其四，顾名思义，ISSP 2009 的调查于 2009 年前后①在参与国进行，这消除了时间差异，使国家间的数据更具可比性。

遗憾的是，ISSP 2009 的数据不包括印度。虽然在建立发展中国家之间的均衡模型时没必要将印度包括在内，但是我们仍希望把印度保留在本章的实证和定量分析部分，以供比较。为了将印度纳入研究，本章使用 IPUMS 数据库的数据（Minnesota Population Center，2014）。IPUMS 数据库收集和统一来自世界各地的人口普查数据，我们也可以获得 1993 年、1999 年和 2004 年的印度就业调查数据。事实上，IPUMS 数据库还提供了更多有关中国的数据。我们还使用了中国 1982 年和 1990 年的人口普查数据，以便对其余时间进行观察。印度就业调查包括 1993 年的 564740 个样本、1999 年的 596688 个样本以及 2004 年的 602833 个样本，同时中国 1982 年和 1990 年两次的人口普查都进行了 1% 的抽样调查，其中 1982 年提供了 10039191 个样本，1990 年提供了 11835947 个样本。IPUMS 数据库中的职业分类根据 ISCO88 进行编码，但它只提供 1 位码的职业分类，这主要受限于数据来源国原始数据中的职业信息。此外，IPUMS 数据库仅提供受访者当前的职业。

后文的定量分析结果仅限于父子之间的代际职业传递，这在实证分析中也保持一致，原因如下：一是现有的实证研究主要涉及父子之间的代际职业传递，而母亲在后代职业选择过程中的作用我们知之甚少。因此，我们不了解母亲在有关后代职业选择的家庭决策中的作用。二是男性的劳动力参与率通常高于女性，特别是在一些发展中国家，而且很大一部分女性会在婚后退出劳动力市场。家庭生产在不同家庭有不同影响，由于不打算考虑这个因素，本章选择在分析中忽略女性后代。在做出这一选择时，我们绝非低估女性在经济中的重要性，而是受限于现有的知识和信息必须做出的妥协。然而，把女性后代纳入分析时，本章中的实证结果依旧成立。同样地，如果父母对女性后代职业选择的影响与对男性后代选择的影响相似，那么后文定量分析的结论也依旧成立。

（一）IOM 比率和人均 GDP

在本部分，我们使用代际职业流动率，即 IOM 比率，作为描述代际职业流

---

① 更准确地说，一些国家的田野调查在 2008 年和 2010 年，本章忽略这个差异。

动性的指标。根据定义，IOM 比率为子代选取与父代不同职业的概率。随着 IOM 比率的提高，职业继承的水平会降低。首先，用 $\pi^L = (\pi_1^L, \pi_2^L, \cdots, \pi_M^L)$ 表示父代的职业分布。其次，用 $P = [p_{ij}]_{M \times M}$ 表示代际间的职业转移矩阵，其中 i 行对应父代的职业，j 列对应子代的职业；p_{ij} 是父代从事第 i 种职业时其子代从事第 j 种职业的条件概率。因此，转换矩阵的对角线元素 P_{ii} 代表了父代从事职业 i 时子代发生职业继承的可能性。IOM 比率可以如下计算：

$$IOM = 1 - \pi^L \cdot \mathrm{diag}(P) \tag{4-1}$$

其中，$\mathrm{diag}(P) = (p_{11}, p_{22}, \cdots, p_{MM})$ 是转移矩阵 P 的对角线元素。

通常考虑子代继承父代职业的比例更为方便，即（1-IOM），因此式（4-1）可以改写为：

$$1 - IOM = \pi^L \cdot \mathrm{diag}(P) \tag{4-2}$$

式（4-2）表明，（1-IOM）等于所有子代继承父代职业的概率总和，为方便起见，称为代际职业继承率（Intergenerational Occupational Inheritance，IOI）。IOI 比率是对 IOM 比率的补充，它们的总和为 1。随着 IOI 比率的提高，职业继承程度也会增加。

我们首先根据受访者的初始职业计算（1-IOM）[①]，其次用受访者的当前职业重复相同的步骤。图 4-1 是基于这两种不同的职业展示的（1-IOM）与实际人均 GDP 之间的相关关系。图 4-1 说明了（1-IOM）和人均 GDP 之间的显著相关性；表 4-1 列出了线性拟合线的斜率。根据表 4-1 的第二行，图 4-1（a）的斜率为 -2.90×10^{-4}，这意味着如果两国的人均 GDP 相差 4 万美元，IOM 比率应该相差 11.6%。在表 4-1 的第二行，图 4-1（b）的斜率为 -1.75×10^{-4} 且显著。比较这两个数字发现，初始职业的 IOM 比率和人均 GDP 的相关性大于当前职业 IOM 比率和人均 GDP 的相关性。因此，基于当前职业进行定量分析，本章的估计将成为中国和印度消除 IOM 障碍潜在收益的下限。

如前所述，ISSP 2009 数据不包括印度。为了涵盖印度，我们需用 IPUMS 数据库中的数据进行计算（1-IOM），并将所有数据点放在图 4-1（b）的顶部，结果如图 4-2 所示。IPUMS 数据库提供了五个额外的数据点：1982 年和 1990 年的中国，1993 年、1999 年和 2004 年的印度。可以看出，这些观测结果都显示出非常高的（1-IOM）比率，这表明中国从 20 世纪 80 年代到 2009 年（1-IOM）大

---

① 由于数据限制，我们只计算了 36 个国家和地区。

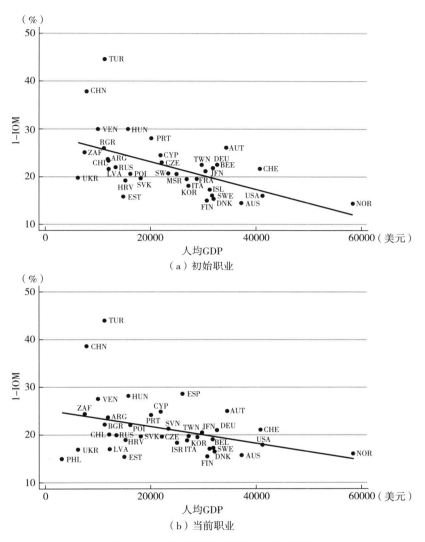

图 4-1　（1-IOM）比率和人均 GDP

表 4-1　回归结果

		系数	t 统计量
IOM 比率	初始职业	-2.90E-04	-3.75
	当前职业	-1.75E-04	-2.21
	初始职业（不含农民）	-2.53E-04	-3.39
	当前职业（不含农民）	-1.27E-04	-1.75

续表

		系数	t 统计量
Altham 指标	初始职业	−3.13E−04	−1.55
	当前职业	−1.95E−04	−0.97

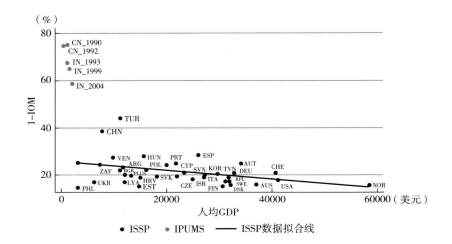

图 4-2　（1-IOM）比率和人均 GDP（ISSP 和 IPUMS）

幅下降。因为这五个额外的数据点来自不同的数据集，所以为了防止异常值的影响，我们在表 4-1 计算（1-IOM）和人均 GDP 之间的相关性时并不包含它们。

　　令人担忧的是，农民在许多发展中国家劳动力中占大多数，这将完全主导分析结果。如果农民的儿子更有可能成为农民，而且农民占劳动力的绝大多数，那么即使其他职业没有继承现象发生，（1-IOM）和人均 GDP 之间的相关性也会很显著。当然，阻碍农民儿子选择其他职业的障碍也是本书的研究内容，因此，我们想知道农民在多大程度上推动了这些结果。本章通过从数据中剔除农民并重现分析结果来探究这个问题。这些图表看起来似乎是一样的，同样具有显著性和负斜率，但幅度较小（见表 4-1 和图 4-3）。农民只解释了一部分的职业继承现象，其他职业仍需要进一步解释。

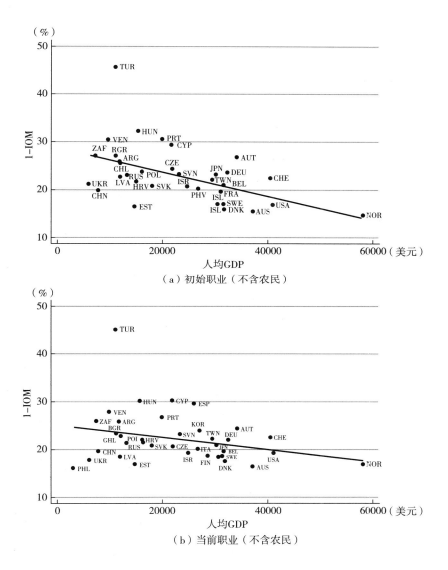

图4-3　（1-IOM）比率和人均 GDP（不含农民）

（二）Altham 指标和人均 GDP

IOM 比率包括有关父亲职业分布和代际职业转移矩阵的对角线要素的信息，因此，正如 Long 和 Ferrie（2013）中研究的那样，仅凭其无法区分交互效应和主效应。主效应是指父代职业分布带来的差异，而交互效应是指子代选择与父代不同职业的条件概率。前文的农民问题也涉及将主效应排除在交互效应外的问题。

虽然两种作用都符合本章研究的主题，但是我们依旧追随 Long 和 Ferrie（2013），进一步探究实证结果。

交互效应由代际职业转移矩阵决定。为了直接分析过渡矩阵的性质，Long 和 Ferrie（2013）提出使用 Altham 指标。对于任意两个矩阵 $P = \{p_{ij}\}_{r \times s}$ 和 $Q = \{q_{ij}\}_{r \times s}$，Altham 指标定义为：

$$d(P, Q) = \left[\sum_{i=1}^{r} \sum_{j=1}^{s} \sum_{l=1}^{r} \sum_{m=1}^{s} \left| \log\left(\frac{p_{ij} p_{lm} q_{im} q_{lj}}{p_{im} p_{lj} q_{ij} q_{lm}} \right) \right|^2 \right]^{\frac{1}{2}} \tag{4-3}$$

Altham 指标 $d(P, Q)$ 表示矩阵 P 和 Q 之间的行列关联强度。就本章而言，P 是各个国家的转移矩阵，Q 是基准矩阵，即所有元素都设置为 1 的矩阵。Q 的经济解释是，每个家庭的后代进入任何行业的机会都是平等的。此外，这里 $r = s$ 是因为转移矩阵是一个正方形的。

为了进一步理解 Altham 指标的数学含义，我们将式（4-3）进行了简化。定义 $a_{ij} = \log\left(\frac{p_{ij}}{q_{ij}} \right)$。根据附录中的推导，将式（4-3）改写为：

$$d(P, Q)^2 =$$

$$4rs \cdot \sum_i \sum_j \left[a_{ij} - \underbrace{\frac{\sum_m \sum_l a_{ml}}{rs}}_{matrix\ mean} - \left(\underbrace{\frac{\sum_m a_{mj}}{r} - \frac{\sum_m \sum_l a_{ml}}{rs}}_{column\ deviation} \right) - \left(\underbrace{\frac{\sum_l a_{il}}{s} - \frac{\sum_m \sum_l a_{ml}}{rs}}_{row\ deviation} \right) \right]^2$$

$$\tag{4-4}$$

在式（4-4）中，等式的核心项是 a_{ij}-矩阵均值（Matrix Mean）-列方差（Column Deviation）-行方差（Row Deviation）＝残差。也就是说，$d(P, Q)^2$ 是矩阵 $\{a_{ij}\}$ 的残差平方和。换句话说，Altham 指标 $d(P, Q)^2$ 是转移矩阵 P 和基准矩阵 Q 之间的双向方差分析（ANOVA）的 F 统计量。双向方差分析的 F 统计量可以识别行变量和列变量之间的交互效应。通过计算 $d(P, Q)$ 可以知道 P 的行和列的关联强度。经过简单计算可以发现，$d(Q, Q) = 0$。也就是说，对于子代更容易在父代职业外工作的国家，应该找到一个更小的 $d(P, Q)$。

图 4-4 展示 Altham 指标与人均 GDP 之间的关系，这两个子图分别基于受访者的初始职业和当前职业。与前文一样，我们还使用 IPUMS 数据库的数据来计算中国 1982 年、1990 年和印度 1993 年、1999 年、2004 年的 Altham 指标，这些统计数据已列于图 4-5 中。回归线的斜率列于表 4-1。

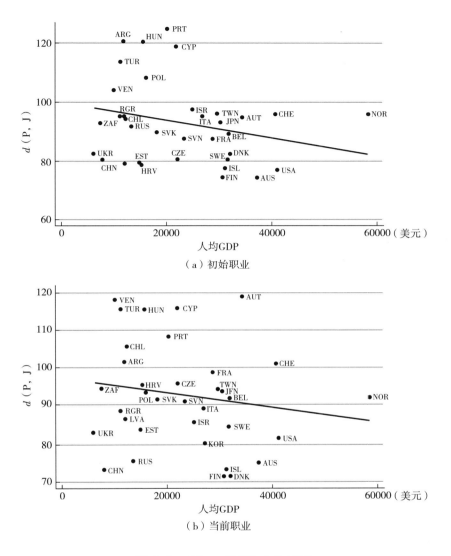

图 4-4　Altham 指标和人均 GDP

　　根据图 4-4，Altham 指标与人均 GDP 之间的相关性为负，但在统计显著边缘（t=-1.55），这表明交互效应并不是国家间 IOM 比率差异的唯一决定因素。也就是说，父代职业的分布 π^L 和代际职业转移矩阵 P 共同决定了职业继承水平。此外，与中国相比，印度多年的 Altham 指标都很高。这一结果表明，无论家庭背景如何，印度的工人总是很难离开父代职业而从事其他职业。这一发现部分解释了本章反事实实验中为什么印度减少职业选择扭曲的影响远大于中国。

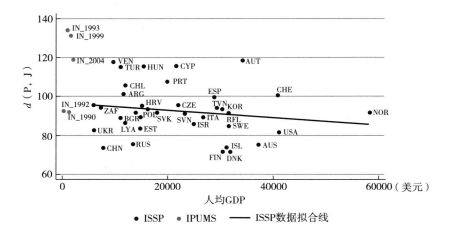

图 4-5 Altham 指标和人均 GDP（ISSP 和 IPUMS）

（三）中国和印度

在本部分，我们将详细讨论中国和印度。首先解释我们为什么以中国和印度为目标，其次介绍一些关于中国和印度的劳动力市场摩擦和劳动技能积累壁垒的背景信息。

1. 为什么是中国和印度？

尽管职业继承是影响众多发展中国家的全球性现象，但是本章重点关注中国和印度。首先，中国和印度都是大型发展中国家。我们不需要关注规模经济和极端职业分布等问题。其次，中国和印度都是人口众多的国家，这两个国家的生产率问题对解决全球贫困问题有重大影响。再次，中国和印度的比较本身就是个有趣的问题。两国都有着悠久的历史，各自形成了非常独特的社会经济制度，对职业继承有重要影响。如第一章所述，印度的 Altham 指标非常高，而中国总体的 IOM 比率略高于印度。职业继承现象中的这些因素导致印度的生产率损失比中国大得多。最后，关注中国和印度是为了使我们的结果与 Hsieh 和 Klenow（2009）的结果进行比较。本章研究结果表明，相比在公司层面的要素投入错配，职业继承在中国和印度是一个更大的问题。

2. 中国和印度的劳动力市场摩擦

劳动力市场摩擦导致人才禀赋的配置效率低下，这对总生产力造成了损害。在中国，劳动力市场摩擦的主要来源区域间人口流动不平等、职业门槛等；在印度，则是种姓制度限制职业选择。

对于印度来说，种姓制度大约在距今 3000 年前开始作为一种职业分类的依据（Deshpande，2000）。每个种姓由许多子种姓组成，种姓与职业高度相关。在某些职业工作与某些种姓成员直接相关，有的种姓主要从事某一种特定职业（Mayer，2013）。种姓制度以限制职业选择而闻名。因此，在上文中，印度 IOM 比率和 Altham 指标异常高就不奇怪了。

3. 中国和印度的劳动技能积累

为了进一步展开讨论，本章将人力资本积累过程分为两部分：普通学校教育和特定的职业培训。后者包括高中职业教育和工作场所的学徒训练等。

发展中国家普通人的受教育程度通常低于发达国家。表 4-2 依据 Barro 和 Lee（2013）的数据得到。2000 年，25 岁及以上人口的平均受教育年限在美国为 12.93 年，中国为 6.47 年，印度为 4.41 年。在决定职业时更重要的大学教育，在这些国家之间的差异更大。2000 年，25 岁及以上人口的平均受高等教育年限在美国为 1.57 年，中国为 0.14 年，印度为 0.26 年。然而，值得一提的是，随着时间的推移，中国和印度民众受教育程度一直在提升。1980 年以来，中国的平均受教育年限增加了 2.6 年，印度增加了 2.53 年。

表 4-2 2000 年 25 岁及以上人口平均受教育年限　　　　单位：年

受教育年限	印度	中国	美国
平均受教育年限	4.41	6.47	12.93
平均受高等教育年限	0.26	0.14	1.57

资料来源：Barro 和 Lee（2013）。

在职业教育方面，中国近年来有了显著进步，而印度却相对落后。经合组织报告称（Kuczera and Field，2010），中国在 2009 年约有 2000 万学生在职业学校就读，约占高中总入学率的一半。中国政府近年出台了支持高中职业教育的政策，包括向职业学校的学生提供财政援助等。然而，值得一提的是，2001 年中国的高中职业学校总入学人数仍然低于 400 万。考虑到中国职业学校教育通常需要 2~3 年，2001 年职业学校的学生总数约为 1000 万，是 2009 年相应人数的一半。然而，中国职业教育的质量有待提高。Dou（2014）声称："在中国绝大多数职业学校……在课程的前两年，辍学率达到了 50%。"中国特别是欠发达地区职业教育质量低下的部分原因是，职业教育的资金一部分来自省级和市级政府，其财政能力有赖于当地的经济状况。此外，中国的职业学校还面临缺乏质量评估和教师短缺的问题。The World Bank（2007）报告称，印度职业学校的入学率还不到3%。

中国和印度工作场所培训的数据有限。中国政府积极鼓励工作场所培训，但质量标准却很少。关于工作场所培训的正式规定也并没有得到很好的执行。同样地，印度除了信息与通信技术部门外，存在"薄弱的非公共培训市场"（The World Bank，2007）。工作场所培训不可避免地涉及雇主对员工的投资和培训者与受训人员之间的合同。然而，发展中国家的法律体系不完备和财务信用约束等问题阻碍着工作场所培训的社会效率水平的提升。

三、数据说明和参数选定

（一）数据说明

与本书第二章中的实证分析类似，我们以 ISSP 2009 和 IPUMS 数据库作为数据源，可是本章主要采用 IPUMS 数据库中的人口普查数据，因为我们需要在定量分析中估计职业转移矩阵。如果一个经济体中有 M 种职业，那么过渡矩阵中有 M^2 个元素，而我们平均只有总样本量的 $1/M^2$ 来估计每个单元。因为职业分布并不均匀，所以这个问题可能更加严重。因此，我们需要大样本量，人口普查数据继而成为更好的选择。

具体来讲，本章使用我国 1982 年和 1990 年的人口普查数据，印度 1993 年、1999 年和 2004 年的就业调查数据以及美国 1990 年、2000 年、2005 年和 2010 年的人口普查数据。美国 1990 年和 2000 年的人口普查数据包括总人口的 5%，而 2005 年和 2010 年的占总人口的 1%，也就是说，1990 年有 12501046 个样本，2000 年有 14081466 个样本，2005 年有 2878380 个样本，2010 年有 3061692 个样本。我们仍然查阅 IPUMS 2009 数据出于两个原因：①我国人口普查都不包含收入信息，但这些数据可以在 ISSP 2009 中找到；②2010 年的我国人口普查数据不对外公布，因此我们必须使用 ISSP 2009 来计算我国 20 世纪 80 年代至今的生产率增长。

对于所有数据，我们均使用 ISCO88 的 1 位码职业大类。这一层有 10 个职业大类，但我们放弃了"武装部队"（Armed Forces）分类，因为很难衡量其产出，而且在许多国家士兵只是一种临时职业。ISCO88 详细的 1 位码分类列在表 4-3 中。

表 4-3　ISCO88 1 位码职业分类

一位码分类	职业	技能水平
1	立法者、高级官员和管理者	3
2	专家	4
3	科技人员和专家助理	3
4	职员	2
5	服务人员和商超销售人员	2
6	农业和渔业的熟练工人	2
7	手工艺和相关贸易人员	2
8	工厂和机器的操作和组装人员	2
9	初级职业	1

注：职业 1 的技能水平没有列在 ISCO 的官方文件中，本章基于职业 2 和职业 3 的技能水平指定了这个数字。

我们使用四种数据来校准整个模型：一是代际职业转移矩阵 $P=\{p_{ij}\}$；二是行业平均收入 $\{INC_i\}$；三是不同群体的平均收入的比例；四是特定群体（即农民）的平均受教育程度。这四组数据分别提供了 $M(M-1)$、M、$M-1$ 和 1 个矩条件，因此，我们总共使用 $M(M+1)$ 个矩条件对模型进行校准。

表 4-4 汇集了 1982 年和 1990 年的中国人口普查数据，表 4-5 汇集了 1993 年、1999 年和 2004 年的印度就业调查数据。本章汇集了这些数据以消除短期波动，并且数据集之间没有显著差异。表 4-6 中展示了美国的代际职业转移矩阵。

表 4-4　中国代际职业转移矩阵

		子代职业								
		1	2	3	4	5	6	7	8	9
父代职业	1	0.0074	0.0493	0.1265	0.074	0.0985	0.2345	0.2658	0.0868	0.0571
	2	0.0057	0.1062	0.1275	0.0573	0.0777	0.2245	0.2738	0.0734	0.0538
	3	0.0047	0.0266	0.0886	0.0352	0.0695	0.4206	0.2466	0.0652	0.0431
	4	0.0075	0.0376	0.1101	0.0905	0.1198	0.1259	0.3337	0.1035	0.0713
	5	0.0058	0.011	0.04	0.0184	0.1871	0.3944	0.2412	0.0583	0.0438
	6	0.0012	0.0019	0.0086	0.0014	0.0053	0.9074	0.0599	0.0091	0.0052
	7	0.0022	0.0097	0.0345	0.0146	0.0553	0.348	0.4086	0.0687	0.0584
	8	0.0019	0.0131	0.0427	0.0183	0.0733	0.2973	0.3139	0.1619	0.0777
	9	0.0092	0.0177	0.0512	0.0246	0.0847	0.2213	0.3771	0.1007	0.1133

表4-5　印度代际职业转移矩阵

		子代职业								
		1	2	3	4	5	6	7	8	9
父代职业	1	0.5959	0.0444	0.0152	0.0248	0.0687	0.0815	0.0861	0.0283	0.055
	2	0.1432	0.2654	0.0409	0.0588	0.0479	0.2996	0.0751	0.0335	0.0358
	3	0.1232	0.0905	0.2685	0.0606	0.0934	0.1424	0.1184	0.0481	0.0549
	4	0.1368	0.1251	0.0463	0.157	0.0717	0.241	0.1283	0.043	0.0508
	5	0.0605	0.0413	0.0159	0.0337	0.3976	0.1389	0.1456	0.0589	0.1075
	6	0.0417	0.0272	0.0077	0.0102	0.0154	0.7381	0.0564	0.0228	0.0806
	7	0.0335	0.0246	0.0109	0.0185	0.0481	0.0998	0.6135	0.0489	0.1023
	8	0.0531	0.0347	0.0163	0.0375	0.0881	0.1108	0.1996	0.3143	0.1455
	9	0.0221	0.0085	0.0041	0.0075	0.0385	0.1195	0.1045	0.0329	0.6623

从表4-4和表4-5中很容易得到以下观察结果：①在比较中国和印度之间表明职业继承程度的对角线元素时，中国的职业继承主要在农民（6，6）和手工艺及相关交易者（7，7）中出现，而印度各个行业的职业继承率普遍较高；②在中国和印度，农业都是继承率最高的职业，而在美国，各个行业的职业继承率都处在中位数左右。

表4-6　美国代际职业转移矩阵

		子代职业								
		1	2	3	4	5	6	7	8	9
父代职业	1	0.0517	0.0546	0.06	0.2556	0.3202	0.018	0.0629	0.0643	0.1128
	2	0.0402	0.0871	0.078	0.2457	0.3304	0.021	0.0464	0.0542	0.0972
	3	0.0396	0.0608	0.0803	0.2585	0.3322	0.0189	0.0537	0.0612	0.0948
	4	0.041	0.0543	0.0546	0.2855	0.2977	0.016	0.0639	0.0798	0.1072
	5	0.0403	0.0492	0.0518	0.2525	0.3345	0.0172	0.0653	0.0833	0.1058
	6	0.0248	0.0365	0.0332	0.167	0.2172	0.1145	0.0729	0.0954	0.2385
	7	0.0321	0.0373	0.0431	0.2441	0.2966	0.0185	0.1067	0.0969	0.1247
	8	0.0314	0.0338	0.039	0.2425	0.2883	0.0179	0.0789	0.1362	0.1318
	9	0.0301	0.0328	0.0348	0.2209	0.2704	0.0259	0.076	0.1124	0.1968

此外，我们计算了中国和印度各个行业的平均收入。对于中国，数据以人民币报告行业年收入；对于印度，以印度卢比报告每周的工资和薪金收入；对于美国，以美元报告每年的工资和薪金收入。把这些数据输入模型，它们将在内部被标准化，以便于直接比较。同样地，我们还计算了每个国家各群体的相对平均收入。

（二）参数的估计和校准

参数 $\{\theta, \eta\}$ 决定着人才禀赋的分布，而人才禀赋的分布无法直接观测到。幸运的是，我们仍然可以通过收入信息推断出此分布。在模型中，特定群体的职业收入服从 Frechet 分布，形状参数为 $\theta(1-\eta)$，这决定了分布的矩。与 HHJK（2013）类似，我们首先使用人口普查数据将收入对群体和职业的代理变量进行回归。残差的方差将完全等于 Frechet 分布的形状参数 $\theta(1-\eta)$ 的方差。因此，我们可以确定 $\theta(1-\eta)$ 在中国为 4.32，在印度为 2.44，在美国为 3.13。参数 η 是劳动技能积累的资源投入产出弹性，等于劳动技能积累投入和产出的比率。在 Hsieh 等（2016）之后，我们使用产出中教育支出份额与产出中劳动力份额之比作为 η 的替代。我们从国家统计局网站确定了教育支出占 GDP 的比重，从经合组织 2005 年世界教育指标中确定了印度的教育支出份额。此外，我们从 Karabarbounis 和 Neiman（2013）的数据中确定了中国和印度的平均劳动力份额。最终发现，中国的 η 为 0.111，印度为 0.156，而我们直接从 HHJK（2016）获得的美国对应的值为 0.103。

在此模型中，β 决定了明瑟收益率（Mincerian Return），即一个人的收入是如何反映他的受教育年限的。对中国的明瑟收益率的研究有不同的估计结果，从 Johnson 和 Chow（1997）的 3.29%[1]开始，Zhang（2011）的结果为 10.24%，Awaworyi 和 Mishra（2014）的结果为 17.26%。印度也是类似于中国的情况。为了简化，我们选定 $\beta = 0.693$，以匹配美国 12.7% 的明瑟收益率，如 HHJK（2016）那样将其作为基准[2]。此外，根据文献，我们选定不同行业之间的替代弹性 $\sigma = 3$。我们使用人口普查数据计算中国和印度农民的平均受教育年限，结果分别为 4.8 年和 5.2 年。此步骤帮助我们校准基准职业的受教育时间 S_0，之后进一步校准 ϕ。最后，给定行业生产率 A_j，使每个职业的劳动力市场出清。

---

① 确切地说，城市地区为 3.29%，农村地区为 4.02%。
② 本章已经对 β 进行了稳健型检验，结果表明该模型对参数并不敏感。这一发现并不奇怪，因为 β 值高将有利于所有行业的技能积累，而福利的异质性将受到限制，个体会内生地选择最佳的受教育时间。如有需要，我们很乐意提供有关此稳健型检验的更多信息。

参数 T 决定了先天禀赋这一出生时自然决定的人力资本如何在代际之间转移。从事某些职业的男性可能生出在相应行业中生来具有超凡能力的后代，如运动员的孩子可能比普通孩子更快或更强。遗憾的是，我们无法直接评估这些差异。如果这种机制的影响确实很显著，那么我们应该可以在美国等发达的市场经济中观察到非常明显的职业继承，而事实上，数据中观察到的继承现象有限。因此，本章采用"人人生而平等"的假设，也就是说，我们假设所有群体先天禀赋的参数分布是恒定的，即 $T_{ij}=1$。我们将在下文的扩展中放松这一假设，以探究该假设会在多大程度上影响结果。

我们旨在估计先前讨论的总体扭曲，即矩阵 $\{K_{ij}\}_{M\times M}$，包括中国、印度和美国。我们认为这些 $\{K_{ij}\}_{M\times M}$ 是区分发达国家和发展中国家的深层次参数。对所有的职业 i 给定 $K_{ii}=1$，即当子代继承父代的职业时，他们面临的扭曲均为 1。之后可以代入代际职业转移矩阵中的元素和收入信息直接估计 $\{K_{ij}\}_{M\times M}$。

四、定量分析结果

本章主要进行两个反事实实验。首先，在基准实验中，我们旨在衡量如果中国和印度这些扭曲降低到美国水平，那么其劳动生产率提高的程度。其次，本章通过将中国 20 世纪 80 年代与 2009 年的情况进行比较，计算改革开放后的生产率收益。第一个实验可以为发展中国家计算增长潜力，第二个实验衡量中国在此期间实现了多少增长潜力。

在实验过程中，保持中国和印度 $\{A,\ T,\ S_0\}$ 的校准值不变，第一个实验将扭曲测量值（k_{CN} 和 k_{IN}）替换为美国测量值 k_{US}，第二个实验将其替换为中国 2009 年测量值 k_{CN2009}，然后求解新的均衡，并将其与真实数据进行比较。

在下文，我们首先进行第一次实验、第二次实验，然后计算两个实验代际收入相关性的变化。本章的定量分析到目前为止一直假设 $T_{ij}=1$，即我们假设子代的先天禀赋在不同群体和职业之间非常相似，在本部分内容的最后我们将放松此假设，以确定研究结果在多大程度上依赖于此假设。

（一）基准实验

表 4-7 列出了反事实实验的结果。这表明，通过降低 IOM 比率的障碍，中国和印度都可以获得巨大的生产率增长。通过比较这两个国家可以发现，印度的

生产率增长特别快。根据之前的实证结果，可以将这一收益归因于这样一个事实：无论他们的父亲从事什么职业，印度工人都不太可能从事其他职业。种姓制度可能是造成这一结果最重要的原因。

表 4-7　基准实验：生产率收益

国家	$\tau_{ij} = 0$	$\delta_{ij} = 1$
中国	74.80	60.26
印度	178.33	107.42

（二）对中国的说明：20 世纪 80 年代至 2009 年

正如前文所讨论的，几十年来中国在许多方面取得了重大进展：一是中国的改革开放政策放宽了诸多限制，如户籍制度，它曾经将农民与农业生产捆绑在一起，很大程度上限制了人才流动。改革开放后，许多年轻农民搬到了沿海城市从事新职业。二是沿海市场经济的快速扩张逐渐改善了"关系"问题。与国有企业相比，私有企业面临更加激烈的国际竞争，往往不愿意仅仅因为"关系"而雇用员工。由于市场经济的扩张，自 20 世纪 80 年代以来，国有企业的"关系户"比例大幅下降。三是中国改善了普通学校教育和职业学校教育。

为了研究中国通过降低职业继承率获益的程度，我们再次使用 ISSP 2009 的数据，并计算代际职业转移矩阵，结果如表 4-8 所示。

表 4-8　2009 年中国代际职业转移矩阵

		子代职业								
		1	2	3	4	5	6	7	8	9
	1	0.125	0.2083	0.0952	0.0476	0.2083	0.0774	0.0893	0.0595	0.0893
	2	0.0424	0.178	0.0847	0.0254	0.1864	0.1441	0.0932	0.1186	0.1271
	3	0.1077	0.2154	0.1385	0.1077	0.1231	0.0615	0.0615	0.1077	0.0769
	4	0.001	0.2495	0.0832	0.001	0.0832	0.1663	0.1663	0.0832	0.1663
父代职业	5	0.057	0.1329	0.1013	0.0127	0.2785	0.1076	0.0949	0.0886	0.1266
	6	0.0387	0.049	0.0329	0.0161	0.1075	0.53	0.0716	0.0497	0.1045
	7	0.0895	0.0789	0.0842	0.0368	0.1842	0.0842	0.2	0.1263	0.1158
	8	0.0522	0.1478	0.0696	0.1043	0.1391	0.0783	0.1304	0.113	0.1652
	9	0.0531	0.0885	0.1062	0.0177	0.2655	0.0619	0.0885	0.1062	0.2124

从表4-8中可以看出，对角线元素大小适中，也就是说，各个职业的职业继承率都不高。

表4-9的第三行列出了反事实实验结果，第二行列出了基准实验的结果，以供比较。在第四行中，我们列出了中国从20世纪80年代到2009年已经实现的增长潜力。结果表明，几十年来，中国已实现了美国反事实实验中74.80%~89.16%的增长潜力。可以看出，中国在减少职业继承方面取得了巨大进展。然而，中国还需要找到其他途径推动其未来的可持续增长。

表4-9 中国从20世纪90年代至2009年的生产率收益

	$\tau_{ij}=0$	$\delta_{ij}=1$
基准实验	74.80	60.26
2009年	55.51	53.73
2009年/基准实验	74.21	89.16

（三）代际收入相关性的影响

除了影响职业选择和损害生产力外，劳动技能积累壁垒和劳动力市场摩擦还会影响代际收入弹性。如果低收入家庭的后代被限制离开低收入职业，该经济体将展现出非常高的代际收入弹性。本章模型结合了两代人职业层面的收入信息，因此，这使我们能够分析两代人收入之间的关系。对于父代而言，用职业分布（$\pi^L=(\pi_1^L, \pi_2^L, \cdots, \pi_M^L)$）和每个职业的平均收入分布（$w^1=(w_1^1, w_2^1, \cdots, w_M^1)$）表示，其中上标1代表父代。我们还为实际数据和反事实实验均衡计算代际职业转移矩阵 P 和每个群体的平均收入（$w^2=(w_1^2, w_2^2, \cdots, w_M^2)$）。根据上述信息，可以用以下等式表示两代人收入之间的相关性：

$$\rho(w^1, w^2)=\sum_{i=1}^{M}\sum_{j=1}^{M}\pi_i^L p_{ij}(w_i^1-E[w^1])(w_j^2-E[w^2])$$

应该注意的是，以此指标衡量代际收入相关性并不包括行业内收入差异，尽管这可能有更大的价值。因为本章无意分析此价值本身，所以这个问题并无大碍；相反，本章关注实施反事实实验后这一指标的变化。例如，在基准实验中我们的研究问题本质上是这样的：我们从前文知道，如果职业转变的障碍减少至美国水平，中国和印度可以提高劳动生产率，但这会如何影响代际收入相关性呢？

根据表4-10，消除障碍和摩擦有助于降低代际收入相关性，其中中国和印度均大幅降低，中国为 0.53～0.54，印度为 0.42～0.43。中国和印度的差异很小，这可能是由于中国的劳动力市场摩擦在各职业之间的分布更加不均。在第二个实验中，中国的代际收入相关性也有所下降，但变化的幅度不如第一个实验那么显著。这一结果表明，20 世纪 80 年代至 2009 年，中国消除劳动技能积累壁垒和劳动力市场摩擦是不均匀的，而且其对减轻生产力限制的影响大于对促进社会收入平等的影响。

表 4-10　反事实实验中代际职业收入相关性的变化

		实验 1		实验 2
		中国	印度	中国
$\Delta\rho$	$\tau_{ij} = 0$	−0.54	−0.43	−0.13
	$\delta_{ij} = 1$	−0.53	−0.42	−0.10

无论降幅如何，我们强调一个一般性的结论，即消除阻碍代际职业转变的因素不仅有助于提高生产力，还可以改善社会不平等。这一选择可以同时促进效率和公平，决策者在改革中国的户籍政策和印度的种姓制度时应该对此给予考虑。

（四）放松先天禀赋相等假设实验

到目前为止，我们一直假设无论群体和职业如何，先天禀赋的参数分布都是恒定的，即 $T_{ij} = 1$。然而，在某些职业中工作的男性可能确实能给同一职业工作的孩子带来更大天赋。在这种情况下，我们希望 T_{ij} 在 i 到 j 之间有所不同。然而，我们不太可能完全估计或纠正 T_{ij} 的确切值，我们只是用合理的替代假设为 T_{ij} 赋值，并探究本章研究结果对此假设的敏感性程度，而非试图找到 T_{ij} 的确切值。

因为后代生来就有超凡天赋的职业更有可能成为家族职业，我们将仅改变 T_{ii} 的值，但保持 $T_{ij} = 1$，$\forall i \neq j$ 的假设。除了进行基准反事实实验外，我们还施加了三组不同的 T_{ij} 并展现结果，以确定结果如何依赖于这个假设。我们为该实验选择的三组值分别是 $T_{ii} = 1.5^\theta$、$T_{ii} = 2^\theta$ 以及 $T_{ii} = (skilllevel)^\theta$。第三组的技能水平数据来自于国际劳工局（International Labour Office，1990），以衡量 ISCO88 职业的复杂程度和技能要求。这里有四个技能级别，详细信息如表 4-11 所示。

表 4-11　放松先天禀赋相等假设

	中国			印度
	$\tau_{ij}=0$	$\delta_{ij}=1$	$\tau_{ij}=0$	$\delta_{ij}=1$
Benchmark	74.80	60.26	178.33	107.42
$T_{ii}=1.5^{\theta}$	79.18	57.02	157.94	101.50
$T_{ii}=2^{\theta}$	85.62	70.99	136.73	102.77
$T_{ii}=(skilllevel)^{\theta}$	78.08	52.96	190.13	105.11

在这些实验中，T_{ii} 值有多大呢？我们打算给出一些直观的经济学直觉。假设先天禀赋遵循 Frechet 分布，根据 Frechet 分布的性质，得出 $E_i(\varepsilon_j) \propto T_{ij}^{\frac{1}{\theta}}$。换句话说，当我们给定 $T_{ii}=2^{\theta}$ 时，工人与父亲从事相同的职业，平均而言，效率是从事不同职业的 2 倍。因此，我们认为，如果先天禀赋相等的假设不成立，那么这三组值足以检测出我们结果中的问题。表 4-11 列出了该实验的结果。根据这张表，放松先天天赋相等假设可能会略微改变实验结果，但这种变化并未从根本上改变我们的结论。

五、本章小结

大量文献旨在解释发达国家和发展中国家之间的生产力差距。一直以来，学者用人力资本的获取壁垒解释发展中国家的差异。然而，过去关于这个课题的研究只关注发展中国家教育水平低下背后的机制，如信贷约束等，忽视了在不同职业之间很大一部分人力资本是异质的，同时在从学校到职场的过程中，职业选择还有许多其他决定因素。通过使用新的职业选择模型，本章提供了更全面的解释。我们估计了深层参数，即劳动力市场摩擦系数和劳动技能积累壁垒系数，并探究了职业继承这一社会学现象的总体影响。

本章首先为代际职业流动性的相关实证研究做出了贡献，说明了 IOM 比率与人均 GDP 之间的显著相关性。我们还通过计算各国代际职业转移矩阵的 Altham 指标，对交互效应和主效应进行了区分。在本章的定量分析中，我们计算了如果中国和印度把上述阻碍降低至美国水平，其劳动生产率提高的程度。本章的反事实实验表明，中国的生产率增长空间很大，印度更大。我们发现，消除职业选择的扭曲将大大提高发展中国家的生产力，且这种生产力的提高伴随着代际收入相关性的降低。因此，在消除职业选择扭曲的同时提供了效率和公平。

此外，通过比较中国 20 世纪 80 年代与 2009 年的相关数据，发现中国在减少劳动技能积累壁垒和劳动力市场摩擦方面取得了重大进展，劳动生产率得到了提高。这个结果一方面表明在过去的几十年中，中国成功减少了这些扭曲；另一方面说明中国目前必须寻找其他潜在的增长来源。

附 录　Altham 指标

根据定义，Altham 指标 $d(P, Q)$ 测量了矩阵 P 和 Q 之间的距离：

$$d(P, Q) = \left[\sum_{i=1}^{r} \sum_{j=1}^{s} \sum_{l=1}^{r} \sum_{m=1}^{s} \left| \log\left(\frac{p_{ij}p_{lm}q_{im}q_{lj}}{p_{im}p_{lj}q_{ij}q_{lm}}\right) \right|^2 \right]^{\frac{1}{2}}$$

定义 $a_{ij} = \log\left(\frac{p_{ij}}{q_{ij}}\right)$，可得：

$$d(P, Q)^2 = \left[\sum_i \sum_j \sum_l \sum_m \left| \log\left(\frac{p_{ij}p_{lm}q_{im}q_{lj}}{p_{im}p_{lj}q_{ij}q_{lm}}\right) \right|^2 \right]$$

$$= \sum_i \sum_j \sum_l \sum_m (a_{ij} + a_{lm} - a_{im} - a_{lj})^2$$

$$= 4rs \sum_i \sum_j a_{ij}^2 + 4\left(\sum_i \sum_j a_{ij}\right)^2 - 4r \sum_i \left(\sum_j a_{ij}\right)^2 - 4s \sum_j \left(\sum_i a_{ij}\right)^2$$

另外，我们知道

$$4rs \cdot \sum_i \sum_j \left[a_{ij} - \underbrace{\frac{\sum_m \sum_l a_{ml}}{rs}}_{matrix\ mean} - \underbrace{\left(\frac{\sum_m a_{mj}}{r} - \frac{\sum_m \sum_l a_{ml}}{rs}\right)}_{column\ deviation} - \underbrace{\left(\frac{\sum_l a_{il}}{s} - \frac{\sum_m \sum_l a_{ml}}{rs}\right)}_{row\ deviation} \right]^2$$

$$= 4rs \cdot \sum_i \sum_j \left(a_{ij} - \frac{\sum_m a_{mj}}{r} - \frac{\sum_l a_{il}}{s} + \frac{\sum_m \sum_l a_{ml}}{rs} \right)^2$$

$$= 4rs \cdot \sum_i \sum_j \left[\underbrace{\left(a_{ij} - \frac{\sum_m a_{mj}}{r} - \frac{\sum_l a_{il}}{s} \right)^2}_{term1} + \underbrace{\left(\frac{\sum_m \sum_l a_{ml}}{rs} \right)^2}_{term2} + \right.$$

$$2 \cdot \underbrace{\left(a_{ij} - \frac{\sum_m a_{mj}}{r} - \frac{\sum_l a_{il}}{s}\right) \cdot \frac{\sum_m \sum_l a_{ml}}{rs}}_{term3} \Bigg] \Bigg] \tag{1}$$

我们可以进一步推导式（1）的三项：

$$term1 = \sum_i \sum_j \left(a_{ij} - \frac{\sum_m a_{mj}}{r} - \frac{\sum_l a_{il}}{s}\right)^2$$

$$= \sum_i \sum_j \left(a_{ij}^2 + \frac{(\sum_m a_{mj})^2}{r^2} + \frac{(\sum_l a_{il})^2}{s^2} - 2a_{ij} \cdot \frac{\sum_m a_{mj}}{r} - 2a_{ij} \cdot \frac{\sum_l a_{il}}{s} + 2\frac{\sum_m a_{mj}}{r} \cdot \frac{\sum_l a_{il}}{s}\right)^2$$

$$= \sum_i \sum_j a_{ij}^2 + \frac{1}{r}\sum_j (\sum_i a_{ij})^2 + \frac{1}{s}\sum_i (\sum_j a_{ij})^2 - 2\frac{1}{r}\sum_j (\sum_i a_{ij})^2 - 2\frac{1}{s}\sum_i (\sum_j a_{ij})^2 + 2\frac{1}{rs}(\sum_i \sum_j a_{ij})^2$$

$$= \sum_i \sum_j a_{ij}^2 - \frac{1}{r}\sum_j (\sum_i a_{ij})^2 - \frac{1}{s}\sum_i (\sum_j a_{ij})^2 + 2\frac{1}{rs}(\sum_i \sum_j a_{ij})^2 \tag{2}$$

$$term2 = \sum_i \sum_j \left(\frac{\sum_m \sum_l a_{ml}}{rs}\right)^2 = \frac{1}{rs}(\sum_i \sum_j a_{ij})^2 \tag{3}$$

$$term3 = \sum_i \sum_j 2 \cdot \left(a_{ij} - \frac{\sum_m a_{mj}}{r} - \frac{\sum_l a_{il}}{s}\right) \cdot \frac{\sum_m \sum_l a_{ml}}{rs}$$

$$= \frac{2}{rs} \cdot \left[(\sum_i \sum_j a_{ij})^2 - (\sum_i \sum_j a_{ij})^2 - (\sum_i \sum_j a_{ij})^2\right]$$

$$= -\frac{2}{rs}(\sum_i \sum_j a_{ij})^2 \tag{4}$$

将式（2）至式（4）代入式（1）可得：

$$4rs \cdot \sum_i \sum_j \left[\underbrace{\left(a_{ij} - \frac{\sum_m a_{mj}}{r} - \frac{\sum_l a_{il}}{s}\right)^2}_{term1} + \underbrace{\left(\frac{\sum_m \sum_l a_{ml}}{rs}\right)^2}_{term2} + \right.$$

$$\underbrace{2 \cdot \left(a_{ij} - \frac{\sum_m a_{mj}}{r} - \frac{\sum_l a_{il}}{s} \right) \cdot \frac{\sum_m \sum_l a_{ml}}{rs}}_{term3} \Bigg]$$

$$= 4rs \cdot \Bigg[\sum_i \sum_j a_{ij}^2 - \frac{1}{r} \sum_j \left(\sum_i a_{ij} \right)^2 - \frac{1}{s} \sum_i \left(\sum_j a_{ij} \right)^2 + 2\frac{1}{rs} \left(\sum_i \sum_j a_{ij} \right)^2 +$$

$$\frac{1}{rs} \left(\sum_i \sum_j a_{ij} \right)^2 - \frac{2}{rs} \left(\sum_i \sum_j a_{ij} \right)^2 \Bigg]$$

$$= 4rs \cdot \Bigg[\sum_i \sum_j a_{ij}^2 - \frac{1}{r} \sum_j \left(\sum_i a_{ij} \right)^2 - \frac{1}{s} \sum_i \left(\sum_j a_{ij} \right)^2 + \frac{1}{rs} \left(\sum_i \sum_j a_{ij} \right)^2 \Bigg]$$

$$= 4rs \sum_i \sum_j a_{ij}^2 + 4 \left(\sum_i \sum_j a_{ij} \right)^2 - 4r \sum_i \left(\sum_j a_{ij} \right)^2 - 4s \sum_j \left(\sum_i a_{ij} \right)^2 \tag{5}$$

进一步地，可以得到：

$$d(P, Q)^2 = 4rs \cdot \sum_i \sum_j \Bigg[a_{ij} - \underbrace{\frac{\sum_m \sum_l a_{ml}}{rs}}_{matrix\ mean} - \underbrace{\left(\frac{\sum_m a_{mj}}{r} - \frac{\sum_m \sum_l a_{ml}}{rs} \right)}_{column\ deviation} -$$

$$\underbrace{\left(\frac{\sum_l a_{il}}{s} - \frac{\sum_m \sum_l a_{ml}}{rs} \right)}_{row\ deviation} \Bigg]^2$$

参考文献

［1］Adamopoulos T. , Brandt L. , Leight J. , et al. , 2017. Misallocation, Selection and Productivity: A Quantitative Analysis with Panel Data from China ［R］. NBER Working Paper No. w23039.

［2］Aghion P. , Blundell R. , Griffith R. , et al. , 2009. The Effects of Entry on Incumbent Innovation and Productivity ［J］. Review of Economics and Statistics, 91 (1): 20-32.

［3］Ahsan R. N. , Chatterjee A. , 2017. Trade Liberalization and Intergenerational Occupational Mobility in Urban India ［J］. Journal of International Economics, 109: 138-152.

［4］Allen T. , Arkolakis C. , Takahashi Y. , 2020. Universal Gravity ［J］. Journal of Political Economy, 128 (2): 393-433.

［5］Atkin D. , 2016. Endogenous Skill Acquisition and Export Manufacturing in Mexico ［J］. American Economic Review, 106 (8): 2046-2085.

［6］Awaworyi S. , Mishra V. , 2014. Returns to Education in China: A Meta-analysis ［R］. Monash Economics Working Paper.

［7］Barro R. J. , Lee J. W. , 2013. A New Data Set of Educational Attainment in the World, 1950-2010 ［J］. Journal of Development Economics, 104: 184-198.

［8］Becker G. S. , 1985. Human Capital, Effort, and the Sexual Division of Labor ［J］. Journal of Labor Economics, 3 (1): 33-58.

［9］Becker G. S. , Tomes N. , 1979. An Equilibrium Theory of the Distribution of Income and Intergenerational Mobility ［J］. Journal of Political Economy, 87 (6): 1153-1189.

［10］ Behrman J. R. , Gaviria A. , Miguel S. , 2001. Intergenerational Mobility in Latin America ［J］. Economia, 2 (1): 1-31.

［11］ Benjamin B. , 1958. Inter-generation Differences in Occupation: A Sample Comparison, in England and Wales, of Census and Birth Registration Records ［J］. Population Studies, 11 (3): 262-268.

［12］ Bhattacharya D. , Guner N. , Ventura G. , 2013. Distortions, Endogenous Managerial Skills and Productivity Differences ［J］. Review of Economic Dynamics, 16 (1): 11-25.

［13］ Bian Y. , Zhang W. , 2001. Economic Regime, Social Networks, and Occupational Mobility ［J］. China Sociology Science, 2 (10): 77-89.

［14］ Bian Y. , 1997. Bringing Strong Ties Back in: Indirect Ties, Network Bridges, and Job Searches in China ［J］. American Sociological Review, 62 (3): 366-385.

［15］ Bian Y. , 2002. Chinese Social Stratification and Social Mobility ［J］. Annual Review of Sociology, 28: 91-116.

［16］ Black S. E. , Devereux P. J. , 2010. Recent Developments in Intergenerational Mobility ［R］. NBER Working Paper No. 15889.

［17］ Black S. E. , Devereux P. J. , 2011. Recent Developments in Intergenerational Mobility ［M］//Ashenfelter O. , Card D. Handbook of Labor Economics. Amsterdam: Elsevier.

［18］ Bloom N. , Draca M. , Van Reenen J. , 2016. Trade Induced Technical Change? The Impact of Chinese Imports on Innovation, IT and Productivity ［J］. The Review of Economic Studies, 83 (1): 87-117.

［19］ Brandt L. , Zhu X. , 2010. Accounting for China's Growth ［R］. IZA Discussion Paper No. 4764.

［20］ Breen R. , 2004. Social Mobility in Europe ［M］. Oxford: Oxford University Press.

［21］ Burstein A. , Javier C. , Vogel J. , 2013. Importing Skill-biased Technology ［J］. American Economic Journal: Macroeconomics, 5 (2): 32-71.

［22］ Burstein A. , Morales E. , Vogel J. , 2019. Changes in Between-Group Inequality: Computers, Occupations, and International Trade ［J］. American Economic

Journal：Macroeconomics，11（2）：348-400.

［23］Bustos P. , 2011. Trade Liberalization, Exports, and Technology Upgrading：Evidence on the Impact of Mercosur on Argentinian Firms ［J］. American Economic Review, 101（1）：304-340.

［24］Cavalcanti T. , Santos M. R. D. , 2015. （Mis）Allocation Effects of an Overpaid Public Sector ［C］. Society for Economic Dynamics. Meeting Papers 1094.

［25］Chan K. W. , Zhang L. , 1999. The Hukou System and Rural-Urban Migration in China：Processes and Changes ［J］. The China Quarterly, 160：818-855.

［26］Cortes G. M. , Gallipoli G. , 2018. The Costs of Occupational Mobility：An Aggregate Analysis ［J］. Journal of the European Economic Association, 16（2）：275-315.

［27］Cortes G. M. , Gallipoli G. , 2014. He Costs of Occupational Mobility：An Aggregate Analysis ［R］. Technical Report.

［28］Costinot A. , Rodríguez-Clare A. , 2014. Trade Theory with Numbers：Quantifying the Consequences of Globalization ［J］. Handbook of International Economics, 4：197-261.

［29］Cubas G. , Ravikumar B. , Ventura G. , 2016. Talent, Labor Quality, and Economic Development ［J］. Review of Economic Dynamics, 21：160-181.

［30］Currie J. , Moretti E. , 2003. Mother's Education and the Intergenerational Transmission of Human Capital：Evidence from College Openings ［J］. The Quarterly Journal of Economics, 118（4）：1495-1532.

［31］Córdoba J. C. , Ripoll M. , 2013. What Explains Schooling Differences across Countries? ［J］. Journal of Monetary Economics, 60（2）：184-202.

［32］Dai M. , Huang W. , Zhang Y. , 2018. How do Households Adjust to Trade Liberalization? Evidence from China's WTO Accession ［R］. IZA Discussion Paper No. 11428.

［33］De Jocas Y. , Rocher G. , 1957. Inter-generation Occupational Mobility in the Province of Quebec ［J］. Canadian Journal of Economics and Political Science, 23（1）：57-68.

［34］De Jong P. Y. , Brawer M. J. , Robin S. S. , 1971. Patterns of Female Intergenerational Occupational Mobility：A Comparison with Male Patterns of Intergenerational Occupational Mobility [J] . American Sociological Review, 36 (6): 1033 - 1042.

[35] Deshpande A. , 2000. Does Caste Still Define Disparity? A Look at Inequality in Kerala, India [J] . American Economic Review, 90: 322-325.

[36] Dill S. , Ma Y. , Sun A. , et al. , 2019. The Landscape of Early Childhood Development in Rural China [J] . The Asian Pacific Journal, 17 (16) .

[37] Dou E. , 2014. A Neglected Problem in China's Education System [R/OL]. https: //blogs. wsj. com/chinarealtime/2014/06/24/a-neglected-problem-in-chinas-education-system/.

[38] Duncan O. D. , 1961. A Socioeconomic Index for All Occupations [J] . Class: Critical Concepts, 1: 388-426.

[39] Eaton J. , Kortum S. , 2002. Technology, Geography, and Trade [J] . Econometrica, 70 (5): 1741-1779.

[40] Emran M. S. , Shilpi F. , 2010. Intergenerational Occupational Mobility in Rural Economy: Evidence from Nepal and Vietnam [J] . Journal of Human Resources, 46 (2): 427-458.

[41] Erikson R. , Goldthorpe J. H. , 1992. The Constant Flux: A Study of Class Mobility in Industrial Societies [M] . New York: Oxford University Press.

[42] Erosa A. , Koreshkova T. , Restuccia D. , 2010. How Important is Human Capital? A Quantitative Theory Assessment of World Income Inequality [J] . The Review of Economic Studies, 77 (4): 1421-1449.

[43] Fan J. , 2019. Internal Geography, Labor Mobility, and the Distributional Impacts of Trade [J] . American Economic Journal: Macroeconomics, 11 (3): 252-288.

[44] Feenstra R. C. , Inklaar R. , Timmer M. P. , 2015. The Next Generation of the Penn World Table [J] . American Economic Review, 105 (10): 3150-3182.

[45] Field S. , Hoeckel K. , Kis V. , et al. , 2009. Learning for Jobs: OECD Policy Review of Vocational Education and Training: Initial Report [R] . Paris: Organisation for Economic Cooperation and Development.

[46] Galle S. , Rodríguez-Clare A. , Yi M. , 2017. Slicing the Pie: Quantifying the Aggregate and Distributional Effects of Trade [R] . NBER Working Paper No. 23737.

［47］ Ganzeboom H. B. , Treiman D. J. , 2007. Ascription and Achievement in Occupational Attainment in Comparative Perspective ［C］. Sixth Meeting of the Russell Sage Foundation/Carnegie Corporation.

［48］ Ganzeboom H. B. , De Graaf P. M. , Treiman D. J. , 1992. A Standard International Socio – economic Index of Occupational Status ［J］. Social Science Research, 21 （1）: 1–56.

［49］ Ganzeboom H. B. , Treiman D. J. , 1996. Internationally Comparable Measures of Occupational Status for the 1988 International Standard Classification of Occupations ［J］. Social Science Research, 25 （3）: 201–239.

［50］ Gold T. , Guthrie D. , Wank D. , 2002. Social Connections in China: Institutions, Culture, and the Changing Nature of Guanxi, Number 21 ［M］. Cambridge: Cambridge University Press.

［51］ Granovetter M. S. , 1973. The Strength of Weak Ties ［J］. American Journal of Sociology, 78 （6）: 1360–1380.

［52］ Grusky D. B. , Hauser R. M. , 1984. Comparative Social Mobility Revisited: Models of Convergence and Divergence in 16 Countries ［J］. American Sociological Review, 49 （1）: 19–38.

［53］ Guryan J. , Hurst E. , Kearney M. , 2008. Parental Education and Parental Time with Children ［J］. Journal of Economic Perspectives, 22 （3）: 23–46.

［54］ Han J. , Liu R. , Zhang J. , 2012. Globalization and Wage Inequality: Evidence from Urban China ［J］. Journal of International Economics, 87: 288–297.

［55］ Hsieh C. T. , Klenow P. J. , 2009. Misallocation and Manufacturing TFP in China and India ［J］. The Quarterly Journal of Economics, 124 （4）: 1403–1448.

［56］ Hsieh C. T. , Hurst E. , Jones C. I. , et al. , 2013. The Allocation of Talent and US Economic Growth （Version 3. 0）［R］. Technical Report.

［57］ Hsieh C. T. , Hurst E. , Jones C. I. , et al. , 2016. The Allocation of Talent and US Economic Growth （Version 4. 0）［R］. Technical Report.

［58］ International Labour Office. , 1990. ISCO–88: International Standard Classification of Occupations ［R］. Technical Report.

［59］ ISSP Research Group. , 2009. International Social Survey Program 2009: Social Inequality IV （ISSP 2009）［DB/OL］. GESIS Data Archive, Cologne, ZA5400

Data File Version 3. 0. 0.

［60］ Ji T. , 2019. Aggregate Implications of Occupational Inheritance in China and India ［J］. The B. E. Journal of Macroeconomics, 19 (1): 1-24.

［61］ Johnson E. N. , Chow G. C. , 1997. Rates of Return to Schooling in China ［J］. Pacific Economic Review, 2 (2): 101-113.

［62］ Jung J. , 2014. Technology, Skill and Growth in a Global Economy ［J］. Economic Theory, 68 (3): 609-641.

［63］ Karabarbounis L. , Neiman B. , 2013. The Global Decline of the Labor Share ［J］. The Quarterly Journal of Economics, 129 (1): 61-103.

［64］ Kinnan C. , Wang S. , Wang Y. , 2018. Access to Migration for Rural Households ［J］. American Economic Journal: Applied Economics, 10 (4): 79-119.

［65］ Kirchsteiger G. , Sebald A. , 2010. Investments into Education—Doing as the Parents did ［J］. European Economic Review, 54 (4): 501-516.

［66］ Kwick M. , 2014. European Universities and Educational and Occupational Intergenerational Social Mobility ［M］//Facing Trajectories from School to Work: Towards a Capability-Friendly Youth Policy in Europe. Berlin: Springer International Publishing.

［67］ Kwick M. , 2015. European Universities and Educational and Occupational Intergenerational Social Mobility ［J］. Technical and Vocational Education and Training, 86-110.

［68］ Lagakos D. , Waugh M. E. , 2013. Selection, Agriculture, and Cross-Country Productivity Differences ［J］. American Economic Review, 103 (2): 948-980.

［69］ Lee E. , Yi K. , 2018. Global Value Chains and Inequality with Endogenous Labor Supply ［J］. Journal of International Economics, 115: 223-241.

［70］ Lin N. , Bian Y. , 1991. Getting Ahead in Urban China ［J］. American Journal of Sociology, 97 (3): 657-688.

［71］ Lin N. , Ensel W. M. , Vaughn J. C. , 1981. Social Resources and Strength of Ties: Structural Factors in Occupational Status Attainment ［J］. American Sociological Review, 46 (4): 393-405.

［72］ Lipset S. M. , Bendix R. , 1959. Social Mobility in Industrial Society ［M］.

Berkeley：University of California Press.

［73］ Liu Q. , Qiu L. , 2016. Intermediate Input Imports and Innovations：Evidence from Chinese Firms' Patent Filings ［J］. Journal of International Economics, 103：166-183.

［74］ Long J. , Ferrie J. , 2013. Intergenerational Occupational Mobility in Great Britain and the United States since 1850 ［J］. American Economic Review, 103 (4)：1109-1137.

［75］ Manuelli R. E. , Seshadri A. , 2014. Human Capital and the Wealth of Nations ［J］. American Economic Review, 104 (9)：2736-2762.

［76］ Mayer A. C. , 2013. Caste and Kinship in Central India：A Study of Fiji Indian Rural Society (Vol. 1) ［M］. Londan：Routledge.

［77］ Meyer J. W. , Zagórski K. , 1979. Education and Occupational Mobility：A Comparison of Polish and American Men ［J］. American Journal of Sociology, 84 (84)：978-986.

［78］ Minnesota Population Center, 2014. Integrated Public Use Microdata Series, International：Version 6. 3 ［Machine-readable database］ ［M］. Minneapolis：University of Minnesota.

［79］ Plug E. , Vijverberg W. , 2005. Does Family Income Matter for Schooling Outcomes？ Using Adoptees as a Natural Experiment ［J］. The Economic Journal, 115 (506)：879-906.

［80］ Reddy A. B. , 2015. Changes in Intergenerational Occupational Mobility in India：Evidence from National Sample Surveys, 1983-2012 ［J］. World Development, 76：329-343.

［81］ Rees A. , 1966. Information Networks in Labor Markets ［J］. American Economic Review, 56 (1/2)：559-566.

［82］ Restuccia D. , Rogerson R. , 2013. Misallocation and Productivity ［J］. Review of Economic Dynamics, 16 (1)：1-10.

［83］ Restuccia D. , Urrutia C. , 2004. Intergenerational Persistence of Earnings：The Role of Early and College Education ［J］. American Economic Review, 94：1354-1378.

［84］ Rosenfeld R. A. , Aage B. S. , 1979. Sex Differences in Patterns of Career

Mobility ［J］. Demography, 16 (1): 89-101.

［85］Rosenfeld R. A., 1978. Women's Intergenerational Occupational Mobility ［J］. American Sociological Review, 43 (1): 36-46.

［86］Roy A. D., 1951. Some Thoughts on the Distribution of Earnings ［J］. Oxford Economic Papers, 3 (2): 135-146.

［87］Scoppa V., 2009. Intergenerational Transfers of Public Sector Jobs: A Shred of Evidence on Nepotism ［J］. Public Choice, 141 (1/2): 167-188.

［88］Sinha R., 2014. Intergenerational Occupational Mobility and Labor Productivity ［R］. Working Paper.

［89］Solon G., 1999. Intergenerational Mobility in the Labor Market ［J］. Handbook of Labor Economics, 3: 1761-1800.

［90］Solon G., 2002. Cross-Country Differences in Intergenerational Earnings Mobility ［J］. The Journal of Economic Perspectives, 16 (3): 59-66.

［91］The World Bank, 2007. Skill Development in India: The Vocational Education and Training System ［R］. Technical Report.

［92］Treiman D. J., Yip K. B., 1989. Educational and Occupational Attainment in 21 Countries ［M］//Melvin L. K. Cross-National Research in Sociology. Beverly Hills: Sage Publications.

［93］Treiman D. J., Ganzeboom H. B., 2000. The Fourth Generation of Comparative Stratification Research ［M］//The International Handbook of Sociology. California: Sage Press.

［94］Verhoogen E. A., 2008. Trade, Quality Upgrading, and Wage Inequality in the Mexican Manufacturing Sector ［J］. The Quarterly Journal of Economics, 123 (2): 489-530.

［95］Wang L., Liang W., Zhang S., et al., 2019. Are Infant/Toddler Developmental Delays a Problem across Rural China? ［J］. Journal of Comparative Economics, 47 (2): 458-469.

［96］Yeaple S. R., 2005. A Simple Model of Firm Heterogeneity, International Trade, and Wages ［J］. Journal of International Economics, 65 (1): 1-20.

［97］Yue A., Shi Y., Luo R., et al., 2019. Stimulation and Early Child Development in China: Caregiving at Arm's Length ［J］. Journal of Developmental and Behavioral Pediatrics，40（6）：458-467.

［98］Zhang X.，2011. The Rate of Returns to Schooling：A Case Study of Urban China［J］. Proceedings of the New York State Economics Association，4（1）：137-149.

［99］Zhu X.，2012. Understanding China's Growth：Past，Present，and Future［J］. Journal of Economic Perspectives，26（4）：103-124.

［100］边燕杰，孙宇，2019. 职业流动过程中的社会资本动员［J］. 社会科学战线（1）：231-239.

［101］边燕杰，张磊，2013. 论关系文化与关系社会资本［J］. 人文杂志（1）：107-113.

［102］边燕杰，张文宏，程诚，2012. 求职过程的社会网络模型：检验关系效应假设［J］. 社会（3）：24-37.

［103］边燕杰，张文宏，2001. 经济体制、社会网络与职业流动［J］. 中国社会科学（2）：77-89.

［104］边燕杰，2004. 城市居民社会资本的来源及作用：网络观点与调查发现［J］. 中国社会科学（3）：136-146，208.

［105］边燕杰，2006. 社会资本研究［J］. 学习与探索（2）：39-41.

［106］陈芳，2008. 社会转型期职业流动的性别分化——以江苏省为例［J］. 南方人口（3）：59-64.

［107］陈琳，袁志刚，2012. 中国代际收入流动性的趋势与内在传递机制［J］. 世界经济（6）：115-131.

［108］陈仲常，谢曼，张薇，2003. 我国教育机会性别均等与教育结果性别差异分析［J］. 高等工程教育研究（2）：19-22.

［109］盖庆恩，朱喜，史清华，2013. 劳动力市场扭曲、结构转变和中国劳动生产率［J］. 经济研究（3）：74-82.

［110］郭丛斌，丁小浩，2004. 职业代际效应的劳动力市场分割与教育的作用［J］. 经济科学（3）：74-82.

［111］郭凡，1995. 当前广州社会的代际流动［J］. 社会学研究（6）：59-66.

［112］黄晓波，2010. 西部地区少数民族妇女职业流动状况的实证分析［J］. 经济研究导刊（27）：123-124.

［113］纪斑，梁琳，2020. 代际职业流动及其影响因素的性别差异［J］. 南开经济研究（2）：40-52.

［114］解雨巷，解垩，2019. 教育流动、职业流动与阶层代际传递［J］. 中国人口科学（2）：40-52，126-127.

［115］李春玲，2005. 当代中国社会的声望分层——职业声望与社会经济地位指数测量［J］. 社会学研究（2）：74-102.

［116］李静，楠玉，刘霞辉，2017. 中国经济稳增长难题：人力资本错配及其解决途径［J］. 经济研究（3）：18-31.

［117］李力行，周广肃，2014. 代际传递、社会流动性及其变化趋势——来自收入、职业、教育、政治身份的多角度分析［J］. 浙江社会科学（5）：11-22.

［118］李路路，石磊，朱斌，2018. 固化还是流动？——当代中国阶层结构变迁四十年［J］. 社会学研究（6）：1-34.

［119］李路路，朱斌，2015. 当代中国的代际流动模式及其变迁［J］. 中国社会科学（5）：40-58.

［120］梁建章，李宏彬，2017. 如何破解农村教育的"罗斯高难题"［EB/OL］. 财新网，［2019-09-15］. http：//opinion. caixin. com/2017-10-01/101152985. html.

［121］刘非非，梁岩，2014. 中国居民职业代际继承效应的实证分析［J］. 统计与决策（10）：102-104.

［122］刘怡，李智慧，耿志祥，2017. 婚姻匹配、代际流动与家庭模式的个税改革［J］. 管理世界（9）：60-72.

［123］陆学艺，2002. 当代中国社会十大阶层分析［J］. 学习与实践（3）：1+55-63.

［124］吕姝仪，赵忠，2015. 高校扩招、职业代际流动与性别差异［J］. 劳动经济研究（4）：52-69.

［125］吕炜，杨沫，王岩，2016. 收入与职业代际流动性研究前沿——测度、比较及影响机制［J］. 经济学动态（6）：109-119.

［126］罗斯高，2017. 农村儿童的发展怎样影响未来中国［EB/OL］. ［2019-09-15］. http：//www. sohu. com/a/192832894_299738.

［127］马草原，马文涛，李成，2017. 中国劳动力市场所有制分割的根源与

表现［J］．管理世界（11）：22-34．

　　［128］马颖，何清，李静，2018．行业间人力资本错配及其对产出的影响［J］．中国工业经济（11）：5-23．

　　［129］钱雪亚，缪仁余，2014．人力资本、要素价格与配置效率［J］．统计研究（8）：3-10．

　　［130］秦雪征，2014．代际流动性及其传导机制研究进展［J］．经济学动态（9）：115-124．

　　［131］邵宜航，张朝阳，2016．关系社会资本与代际职业流动［J］．经济学动态（6）：37-49．

　　［132］宋丽君，林聚任，2003．职业地位取得的社会性别差异［J］．安徽农业大学学报（社会科学版）（2）：70-74．

　　［133］孙凤，2006．职业代际流动的对数线性模型［J］．统计研究（7）：61-65．

　　［134］孙文凯，白重恩，谢沛初，2011．户籍制度改革对中国农村劳动力流动的影响［J］．经济研究（1）：28-41．

　　［135］王春光，2003．中国职业流动中的社会不平等问题研究［J］．中国人口科学（2）：27-36．

　　［136］王学龙，袁易明，2015．中国社会代际流动性之变迁：趋势与原因［J］．经济研究（9）：58-71．

　　［137］吴晓刚，2007．中国的户籍制度与代际职业流动［J］．社会学研究（6）：38-65．

　　［138］吴愈晓，2011．社会关系、初职获得方式与职业流动［J］．社会学研究（5）：128-152．

　　［139］西奥多·W.舒尔茨，1990．人力资本投资：教育和研究的作用［M］．北京：商务印书馆．

　　［140］邢春冰，2006．中国农村非农就业机会的代际流动［J］．经济研究（9）：103-116．

　　［141］邢春冰，2008．农民工与城镇职工的收入差距［J］．管理世界（5）：55-64．

　　［142］颜色，2016．中国社会阶层固化有多严重？［EB/OL］．［2017-02-14］．http://www.aisixiang.com/data/97653.html．

［143］阳义南，连玉君，2014. 中国社会代际流动性的动态解析［J］. 管理世界（4）：79-82.

［144］阳义南，连玉君，2015. 中国社会代际流动性的动态解析——CGSS与 CLDS 混合横截面数据的经验证据［J］. 管理世界（4）：79-91.

［145］袁志刚，解栋栋，2011. 中国劳动力错配对 TFP 的影响分析［J］. 经济研究（7）：4-17.

［146］张艳霞，2010. 代际流动的未来希望——独生子女学历目标分析［J］. 当代青年研究（3）：34-39.

［147］周兴，张鹏，2014. 代际间的职业流动与收入流动——来自中国城乡家庭的经验研究［J］. 经济学（季刊）（1）：351-372.

［148］朱晨，2017. 职业代际继承与流动：基于中国人口普查数据的实证分析［J］. 劳动经济研究（6）：87-106.